LE
CAMP ET LA COUR
DE
D. CARLOS.

AVIS.

Les Notes se trouvent à la fin de l'Ouvrage.

LE
CAMP ET LA COUR
DE
D. CARLOS.

NARRATION HISTORIQUE

DES ÉVÉNEMENS SURVENUS DANS LES PROVINCES DU NORD DEPUIS
LE MOMENT OU MAROTO PRIT LE COMMANDEMENT DE
L'ARMÉE CARLISTE, EN 1838, JUSQU'A L'ENTRÉE
DE D. CARLOS EN FRANCE EN 1839,

AVEC DES DOCUMENS JUSTIFICATIFS
ET
DES NOTES ILLUSTRATIVES;

PRÉCÉDÉE DE LA

BIOGRAPHIE DE MAROTO.

PAR

M. G. MITCHELL

BAYONNE.
IMPRIMERIE D'EDOUARD MAURIN.
—
1839.

PRÉFACE.

Le but de cet ouvrage est de mettre sous les yeux du public une narration simple et impartiale des événemens les plus remarquables qui se sont passés dans les provinces du nord de l'Espagne, depuis l'instant où Maroto prit le commandement jusqu'au jour de l'entrée de D. Carlos en France.

Pour éviter la confusion que pourrait présenter l'histoire d'une époque si fertile en intrigues et en manœuvres de toute espèce, j'ai cru devoir diviser cet ouvrage en quatre chapitres : le premier contient une relation des faits militaires de Maroto;

le second ses actes privés, ou la partie secrète de son histoire, et un aperçu de l'intérieur du palais de D. Carlos; le troisième offre une narration fidèle et détaillée de l'insurrection de Vera; et le quatrième un exa-
men de l'état dans lequel se trouvaient les
provinces du nord de l'Espagne au moment
de la désertion de Maroto aux christinos.

Témoin oculaire des événemens dans
les Provinces, depuis le commencement
de la guerre civile, j'ai recueilli des documens précieux, des notes intéressantes,
et des renseignemens que mon intimité
avec tous les personnages influens à la
cour et dans l'armée de D. Carlos m'a
mis à même d'obtenir, et au moyen desquels je puis offrir au public un ouvrage
utile et qui n'est peut-être pas dépourvu
d'intérêt.

Avant de prendre la plume j'ai hésité
long-temps, je trouvais qu'il y avait de la
témérité à entreprendre d'écrire dans une
langue qui m'est étrangère; toutefois après
mûre réflexion, persuadé que le mérite du
style devait être le moins important dans
un ouvrage du genre de celui que je publie, j'ai cru pouvoir compter sous ce rapport sur l'indulgence de mes lecteurs.

Depuis la désertion de Maroto, la presse

a mis au jour quantité de brochures, les unes en faveur, les autres contre ce général; mais dans chacune de ces productions le public n'a trouvé que les opinions personnelles de l'auteur, plus ou moins influencé par l'esprit de parti. Je ne prétends pas être plus qu'un autre exempt de cette faiblesse; et, si je m'étais livré à mon penchant, je crois que j'aurais pu, par des raisonnemens forts et concluans, prouver beaucoup en faveur des opinions que je professe: mais, ayant entrepris d'écrire une narration historique, je suis forcé de m'en tenir aux faits tels qu'ils se sont passés, et que je peux prouver par des documens authentiques ou autres témoignages satisfesans.

Je me suis attaché uniquement à retracer les événemens depuis le mois de juin 1838; mais, pour que le lecteur apprécie mieux l'étendue du crime commis par Maroto, quelques remarques sont nécessaires.

Une des raisons données par Maroto pour excuser sa conduite, est qu'Espartero avait une armée si considérable qu'il lui était impossible d'opposer une résistance avantageuse. Je ne me serais pas arrêté à réfuter cette assertion, tous ceux qui ont suivi la marche de la guerre civile en Es-

pagne savent combien elle est ridicule ; mais je désire éviter que ceux qui ne s'en sont pas occupés soient induits en erreur : car cette erreur serait d'autant plus sérieuse qu'elle tendrait à faire croire à la complète destruction de la cause carliste.

Dès le commencement de l'insurrection des Provinces, les carlistes ont toujours eu à lutter contre des forces bien supérieures.

Au mois de mars 1834 l'armée carliste se composait de 500 Biscayens, 1,500 Alavais, 1,500 Guipuzcoans et 500 Navarrais, à peine armés, une cinquantaine de chevaux, et pas une seule pièce de canon ; elle était poursuivie sans relâche par 12,000 hommes d'infanterie et de cavalerie de troupes de ligne, et une artillerie nombreuse. Malgré cette immense disproportion les carlistes firent la guerre avec succès, et leurs rangs grossissaient à mesure qu'ils enlevaient des armes à leurs ennemis.

Depuis cette époque jusqu'en 1836, les deux armées augmentèrent graduellement, mais toujours l'avantage du nombre fut du côté des christinos ; on en trouve la preuve dans un rapport officiel daté du 31 mai de cette année, et duquel il résulte que le général Cordova avait sous ses ordres,

dans les provinces du nord, 320 chefs, 2,828 officiers, 100,822 fantassins, et 4,685 cavaliers, divisés de la manière suivante :

	Chefs.	Officiers.	Soldats.	Chevaux.
Infanterie	105	1,227	35,433	"
Artillerie	"	"	705	533
Génie	2	25	1,138	"
Cavalerie	18	168	2,314	1,866
Légion française	"	"	4,785	131
Légion anglaise	44	273	8,155	672
Corps de réserve	22	251	7,673	364
Garnisons en Navarre	47	439	12,048	315
Garnisons en Biscaye, Guipuzcoa et Alava	60	116	18,785	267
Réserve pour renforcer les garnisons	22	329	9,786	537

A la même date Eguia, général en chef de l'armée carliste, pouvait à peine disposer de 27,000 hommes en infanterie, cavalerie et artillerie. Eguia céda-t-il le terrain à Cordova sous prétexte qu'il n'avait pas assez de troupes pour résister? Non, tous les efforts tentés par Cordova pour pénétrer dans les Provinces furent inutiles; toujours il fut repoussé avec perte, la victoire demeura aux carlistes.

Les christinos continuèrent à renforcer leur armée, qui s'augmenta de la légion Portugaise, puis de la levée de Mendizabal. Les carlistes se fortifièrent aussi, par le moyen des déserteurs et des prisonniers qui s'incorporaient dans leurs bataillons.

Indépendamment de l'avantage du nom-

bre d'hommes, les christinos en avaient bien d'autres : il résulte d'un document présenté à la chambre des communes d'Angleterre par lord Palmerston, que le gouvernement Anglais a fourni à celui de Madrid, depuis le mois de décembre 1834 jusqu'au 6 avril 1838 :

321,600 Fusils, 10,000 carabines, 3,600 pistolets, 10,000 épées, 4,000 rifles, 6 millions de cartouches de fusil, 19,856 cartouches de canon, 938,531 livres de poudre, 39,359 caissons et barils, 27 canons en fer, 12 mortiers en fer, 24 pièces de campagne, 14 pièces de rempart, 12 chariots de munitions, 18,472 boulets et bombes, 1,000 couvertures.

1 Canon en fer de 18, 6 caronades de 18, 30 fusils, 40 pistolets, 40 épées, munitions, boulets, etc., etc., pour la goëlette *Isabella*.

2 Canons en fer de 32, 80 fusils, 40 pistolets, 100 épées, 40 piques, munitions, boulets, etc., etc., pour le bateau à vapeur *Isabella II*.

15,000 Fusils, 1,200 carabines, 8,550 pistolets, 1,000 épées, 600 rifles, 5 millions 608,000 cartouches de fusil, 22,023 cartouches de canon, 13,018 livres de poudre, 11,429 caissons et barils, 26 canons

en cuivre, 2 obusiers en fer, 4,730 fusées
à la Congrève, 350 fusées pour signaux,
18,487 fusées, 13,942 boulets et bombes,
90 chariots pour les fusées, et d'autres objets pour fournitures des hôpitaux, etc.,
etc., pour la légion Anglaise.

La quantité de munitions fournies par
le gouvernement Français pendant cette
même époque était immense.

De 1836 à 1837 les carlistes conquirent
du terrain, s'emparèrent de plusieurs forts
et de presque toute la côte de Cantabrie,
détruisirent la légion Britannique, déci-
mèrent la légion Portugaise, et réduisirent
à l'état de squelette la légion étrangère
envoyée par le gouvernement Français.

Au mois d'octobre 1837 D. Carlos rentra dans les Provinces, après s'être avancé
jusqu'aux portes de Madrid ; son armée
était démoralisée, en proie à la faim et
aux privations de tout genre. Ce fut dans
cet état que le général Guergué en prit
le commandement en chef ; celui de la
Navarre fut confié au général D. Francisco
Garcia. Espartero, qui comptait sur des
forces au moins triples, dont les soldats
étaient enthousiasmés par la victoire, car
ils avaient poussé D. Carlos et son armée
devant eux, et l'avaient forcé à repasser

l'Ebre, non sans danger; Espartero menaçait journellement d'entrer dans les Provinces, et dans des proclamations adressées à ses troupes il leur promettait le triomphe, la totale destruction des carlistes. Malgré ces menaces, ces promesses, malgré l'état d'indiscipline dans lequel les carlistes se trouvaient, le manque presque total de munitions, de vêtemens et d'argent dont ils avaient à souffrir, dans le court espace de trois mois leurs affaires se trouvèrent si bien rétablies, qu'Espartero dut rester sur la défensive; et en Navarre, Alaix, vice-roi de ce royaume pour les christinos, se voyait réduit à une position si affligeante par suite des manœuvres du général Francisco Garcia, qu'il écrivait à Espartero une dépêche qui fut interceptée, et dont voici la copie :

« EXCELLENCE,

« Je suis forcé de rappeler à V. Exc. ce
« que je lui ai si souvent écrit sur les pri-
« vations et les souffrances de ceux qui
« sont au service de S. M. dans cette vice-
« royauté. Il m'est pénible d'être obligé de
« revenir sur ce sujet; mais les maux ont
« augmenté d'une manière effrayante, et
« mon devoir m'oblige à recourir à V. Exc.

« pour qu'elle y porte remède avant que
« ce ne soit trop tard.

　« V. Exc. n'ignore pas que les secours
« distribués aux troupes dans le mois de
« décembre dernier étaient bien faibles.
« Ce que j'ai pu me procurer depuis pour
« payer les employés en service actif, a suffi
« à peine pour donner un sixième de solde
« à chacun.

　« Ce n'est pas l'argent seulement qui
« manque : dans chaque bataillon il y a
« un grand nombre de soldats qui sont
« depuis long-temps sans chemises ; des
« bataillons entiers n'ont encore que des
« pantalons de toile, malgré la rigueur de
« la saison; et il est positif que plusieurs
« soldats ne peuvent sortir de la caserne,
« parce qu'ils sont entièrement nus. Il n'y
« a pas un seul homme qui ait des sou-
« liers, et il n'est pas possible de leur en
« donner; les magasins sont vides. Malgré
« toutes ces privations, les soldats font leur
« devoir; mais il est dangereux de les
« mettre à de si rudes épreuves dans un
« moment où l'ennemi augmente en force
« chaque jour, et parcourt les Provinces
« à sa volonté. C'est les exposer à man-
« quer à la discipline et à l'obéissance,
« lorsque nous avons besoin de tous nos

« efforts pour résister à l'ennemi, et con-
« server ce que nous possédons encore.

« Lorsque V. Exc. châtia si justement
« les principaux auteurs des excès commis
« dans cette ville au mois d'août dernier,
« vous savez que plusieurs des coupables
« échappèrent au châtiment dû à leurs cri-
« mes; il est à craindre que se prévalant de
« ma triste situation, ils n'en profitent pour
« fomenter de nouveaux désordres, main-
« tenant surtout que l'ennemi, qui était
« alors contenu par les lignes militaires du
« haut et bas Arga, traverse le pays dans
« tous les sens, et bloque cette ville de ma-
« nière que pour aller chercher quelques ra-
« tions, je suis forcé de mettre en mouve-
« ment toutes les troupes sous mes ordres.
« Quelquefois même ces convois ont à sou-
« tenir des attaques, et mes blessés ne peu-
« vent être reçus dans les hôpitaux, parce
« que ces établissemens sont dépourvus de
« tout. Dans ces combats sans résultats on
« dépense beaucoup de munitions, et le
« commandant de l'artillerie a présenté un
« rapport où il annonce qu'il n'y en a pres-
« que plus. Beaucoup de fusils sont de-
« venus inservables, je n'en ai pas pour les
« remplacer; enfin tout nous manque à la
« fois, et cela dans un moment si critique. Il

« est impossible de cacher notre déplorable
« situation ; et l'ennemi, en apprenant l'é-
« tendue de nos misères, deviendra plus
« entreprenant : par conséquent il y a tout
« à craindre dans un pays où les sympa-
« thies du peuple sont contre nous.

« Je n'exagère pas le mal ; mais je suis
« forcé de le dépeindre à V. Exc., afin
« que quelque remède y soit apporté. Je
« ne m'en effraie pas non plus, car tant
« que je commanderai on ne verra ni triom-
« pher l'ennemi, ni se renouveler les excès
« du mois d'août dernier : mais mes pei-
« nes, mes sacrifices, ne sauveront pas
« mon pays ; et si je ne puis améliorer la
« cause de la Reine, je ne voudrais pas au
« moins la voir décliner. Pour cela il me
« faut des ressources, et tant que je n'en
« obtiendrai pas je ne cesserai d'élever la
« voix pour en demander. Je suis prêt à
« faire le sacrifice de mon existence ; mais
« je ne puis prendre sur moi la respon-
« sabilité des malheurs que je prévois, et
« que dans la situation où je suis je ne
« pourrais éviter.

« Dieu garde à V. Exc. de longues années.

« ISIDORE ALAIX,
Vice-Roi de Navarre.
« Pampelune, le 28 janvier 1838. »

Tel était l'état florissant et prospère dans lequel l'armée carliste, six mois avant la nomination de Maroto au commandement, se trouvait placée par les soins des généraux Guergué et Garcia, que ce traître a fait assassiner à Estella. Depuis le commencement de 1838 jusqu'en juin de la même année les carlistes éprouvèrent, il est vrai, deux revers assez importans : l'un, la destruction totale de l'expédition sous les ordres du comte de Negri (1); l'autre, la perte de Peñacerrada. On pourrait, sans crainte d'être accusé de méchanceté, tirer des conséquences bien peu favorables pour le comte de Negri de la perte de cette expédition : plus de 1500 hommes, des meilleures troupes carlistes, furent faits prisonniers, sans tirer un coup de fusil, par 120 hommes de cavalerie formant l'escorte d'Espartero. Le comte de Negri, qui les commandait, échappa presque seul à ce désastre, et s'enfuit en Aragon, d'où il revint peu après dans les Provinces pour y jouer le rôle d'ami et de confident de Maroto. Ce fut lui qui le soutint lors des événemens du mois de février 1839; c'était encore lui que Maroto choisissait pour remplir ses messages auprès de D. Carlos; enfin le

comte est demeuré chef d'état-major de Maroto jusqu'à la veille de sa désertion.

Pour balancer ces pertes, l'intrépide Cabrera avait obtenu de grands avantages en Aragon, et le comte d'Espagne en Catalogne; la Manche était couverte de bandes carlistes; l'insurrection de la Galice acquérait plus de consistance chaque jour; le trésor était bien garni, l'armée des Provinces vêtue à neuf, les vivres et les munitions très abondans, et Merino et Balmaseda amenaient de la Castille 4 bataillons d'infanterie et près de 5oo chevaux. Ainsi on peut dire sans crainte d'être démenti que l'armée carliste, bientôt après que Maroto en eut pris le commandement, était dans une situation plus brillante qu'elle n'avait jamais été depuis le commencement de la guerre civile.

Les forces qui attaquèrent Ramalès sous les ordres d'Espartero n'étaient pas en proportion avec celles de Maroto; car celui-ci avait des forts, des parapets, des positions naturellement difficiles, et que l'art avait rendues inexpugnables, et des défilés où toute l'armée christine aurait dû périr si les carlistes avaient eu à leur tête tout autre chef que Maroto : mais il n'en fut pas ainsi, parce que le traître avait

décidé du sort de l'armée, et c'est par lui, et non par Espartero, que les carlistes ont été vaincus.

On a beaucoup parlé d'une transaction entre les carlistes et les christinos ; et tous ceux qui, contre l'intérêt de la cause carliste, ont appuyé Maroto, donnent comme excuse pour leur conduite qu'ils croyaient que ce général travaillait à effectuer une transaction honorable entre les deux partis. Cela peut être vrai ; mais s'ils ont pensé que le meilleur moyen d'obliger les christinos à accepter une transaction favorable aux carlistes était de leur permettre de s'emparer de presque toutes les Provinces, ils prouvent qu'ils ont bien peu de sagacité politique : on peut même sans les insulter les accuser d'avoir manqué de sens commun.

Les carlistes, maîtres des Provinces du nord, ayant Cabrera tout-puissant en Aragon, Valence et Murcie, et le comte d'Espagne en Catalogne, pouvaient sans doute proposer et obtenir une transaction conçue dans des termes bien différens de ceux qui leur seraient offerts Espartero étant dans le cœur des Provinces, et leur armée affaiblie et corrompue par le cri trompeur de « *Paix et Fueros !* »

A qui pourra-t-on persuader que des hommes tels que le père Cyrille, archevêque de Cuba, le père Gil, chef des jésuites, Montenegro, et autres personnages célèbres par leur génie pour l'intrigue, se laissassent abuser par un Maroto au point de croire qu'Espartero, tout en gagnant du terrain, continuait à traiter d'une transaction honorable et avantageuse aux carlistes? Ce serait certainement les juger d'une manière bien peu satisfesante pour leur amour-propre, et dont ils n'auraient pas lieu d'être contens, car en vérité ce serait par trop ridicule.

Dès le commencement de la guerre, toutes les fois que la cause carliste a obtenu des succès importans, les christinos ont eu recours aux tentatives de transaction. Quesada, au mois de mars 1834, fit des propositions à cet effet au brave Zumalacarrégui : la réponse de ce guerrier immortel fut digne de lui : « Je te par- « donne cette insulte en faveur de notre « ancienne amitié, et au jour du triomphe « je demanderai grâce pour toi à mon roi « bien-aimé. »

En janvier 1835, le général Alava, par le moyen du duc de Wellington, fit des ouvertures pour une transaction dont les

termes étaient que D. Carlos renoncerait à toutes ses prétentions à la couronne d'Espagne. En faveur de cette renonciation, Isabelle II, reine d'Espagne, épouserait le fils aîné de ce prince, une amnistie générale serait publiée, etc. etc. La réponse de D. Carlos à ces propositions, qui lui furent faites officieusement, mais non officiellement, fut : « Je ne consen-« tirai jamais à abdiquer ni à renoncer à « mes droits au trône de mes ancêtres; je « n'abandonnerai jamais mes vaillans dé-« fenseurs; et, me confiant dans la justice « de ma cause et dans la divine Providence, « je veux vaincre ou mourir en combat-« tant. »

Depuis ce temps-là jusqu'au moment de la destruction de l'armée carliste, un parti favorable à une transaction a toujours existé dans les Provinces; mais j'ai la conviction que ce parti tirait sa plus grande force des mécontens civils et militaires. Plusieurs officiers élevés en grade, qui étaient en disgrâce ou en jugement pour diverses causes, devinrent transactionnis-tes par la certitude qu'ils avaient que D. Carlos triomphant ils ne seraient jamais employés; d'autres, par des motifs parti-culiers ou des intérêts privés, se rangèrent

sous le même drapeau : aucun de ceux-là n'était sincère; mais les partisans consciencieux d'une honorable transaction se trouvaient en grand nombre dans l'armée, qui, croyant que D. Carlos voulait transiger, y consentaient, ne pensant pas que la transaction attaquât les principes qu'ils défendaient. Maroto sut mettre à profit cette disposition, que lui et ses agens avaient fait naître, et trahit tous les partis.

Il est une justice que l'on doit rendre à D. Carlos : c'est qu'il a toujours été fermement persuadé que sa cause était juste, et que tôt ou tard son bon droit devait triompher. Dès les premiers jours de la guerre civile, ce prince a cherché à la concentrer entre les Espagnols.

En 1835, passant dans un village, D. Carlos fut complimenté par l'ayuntamiento sur l'entrée au ministère anglais du duc de Wellington : « Je n'accepte pas vos félici- « tations à ce sujet, dit D. Carlos, parce « que je regarderais comme un grand mal- « heur si quelqu'une des puissances étran- « gères se décidait à intervenir par la force « des armes, soit en ma faveur, soit pour « Isabelle. La question est espagnole, et « les Espagnols seuls doivent la décider. »

Dans une autre occasion, un de ses

officiers lui fesant observer que si le duc de Wellington proclamait une non-intervention réelle, carlistes et christinos pourraient également se procurer des armes en Angleterre, D. Carlos répondit : «Je ne « désire point me procurer des armes en « Angleterre; je préférerais que cette na- « tion, ainsi que toutes les autres, s'abs- « tinssent de rien fournir : la guerre, ré- « duite aux seules ressources que chacun « des deux partis possède, serait plus tôt « terminée, et le triomphe infailliblement « décidé en faveur du plus fort. » Le gouvernement d'Isabelle a adopté un autre système politique, il a placé le trône constitutionnel sous la protection de la France et de l'Angleterre : le temps nous prouvera s'il est plus solide que ceux qui sont appuyés sur la seule volonté des peuples.

Bayonne, 6 novembre 1839.

¡Fac-símile!

Todas las fuerzas q.^e estan á mis inmediaciones se han decidido p.^r terminar la Guerra y en el dia de mañana se publi- cara la Paz se lebra da cuia circunstancia podra V.S. comunicar en contestacion á su oficio de esta fha. D.^s que á V.S. m.^s a.^s Suma xas 29 de Agosto 1839

Raf.^l Maroto

BIOGRAPHIE

DE

MAROTO.

Il est probable que sans les événemens extraordinaires auxquels le général Maroto a pris dernièrement une part si active,
il ne serait venu dans l'idée à personne d'écrire sa biographie.
Rien dans sa carrière militaire jusqu'à l'époque de sa trahison
ne l'avait rendu digne d'une pareille distinction ; confondu
parmi ceux de son parti aux projets desquels il a prêté une
coopération tout-à-fait secondaire, jouissant d'une très mauvaise réputation, tant par rapport à la valeur personnelle, si
naturelle à un soldat, que pour la délicatesse nécessaire dans
sa profession, il n'a pas de titre honorable aux souvenirs de
la postérité. Pour y suppléer, nous avons été forcé d'avoir
recours à des notes qui nous ont été fournies par quelques-
uns de ses compagnons d'armes, et c'est avec ces documens
que nous sommes parvenus à mettre sous les yeux de nos
lecteurs cette narration des principaux faits de sa vie.

D. Rafael Maroto naquit, vers l'an 1785, à Lorca, petite

ville du royaume de Murcie, d'une famille pauvre et obscure ; son père était un simple douanier de la ville de Grenade. Son humble naissance ne serait pas un défaut, si elle n'avait eu pour conséquence le manque total d'éducation : c'est à peine s'il apprit à lire et à écrire ; il ne reçut aucune instruction, pas même élémentaire. Lors de l'invasion de la Péninsule par les troupes de Napoléon, en 1808, Maroto fut enrôlé soldat dans un des corps que l'on créa à Valence ; trois ans après il obtint le grade de sous-lieutenant, qui lui fut conféré par la junte qui gouvernait le royaume. Une mauvaise pensée, née de son amour excessif pour le plaisir, faillit couper sa carrière dès le principe. Etant allé avec le corps d'officiers rendre visite à l'archevêque de Burgos, et le complimenter sur son arrivée dans son diocèse, Maroto vola une montre qui était sur un des meubles de l'appartement. La bassesse de cette action n'eut, grâce au désordre qui régnait dans ce temps-là, à ses prières et à quelques protections, d'autres résultats que son renvoi du régiment ; il obtint même d'être placé dans un autre.

Il continua à servir, et, comme à cette époque l'avancement était rapide, en 1814 il était déjà lieutenant-colonel. Le gouvernement Espagnol accorde habituellement un grade de plus à tous les officiers qui s'embarquent pour l'Amérique ; et, comme dès-lors les armes de la métropole coururent de grands dangers, à cause des progrès rapides que fesait l'insurrection des créoles, Maroto demanda et obtint le commandement du régiment de Talavera avec le grade de colonel, et s'embarqua pour le Chili, où il arriva le 10 mai 1815, à la tête de 400 hommes qui formaient ce qu'on appelait la première expédition ; la seconde, composée de 478 soldats, était commandée par le colonel D. José Ballesteros. Il ne paraît pas que Maroto prit part à aucune des nombreuses actions de guerre qui eurent lieu pendant cette année ; car peu de temps après son arrivée il avait été envoyé à Lima, et mis sous les ordres du général en chef de l'armée du Pérou, D. Joaquin de la Pezuela, qui le nomma chef d'état-major *ad interim* ; mais ce général se vit forcé de lui ôter cet emploi deux mois après, tant à cause de son incapacité que parce qu'il le surprit tenant un jeu de banque dans sa propre maison.

Il demeura confiné dans la ville, et recommandé à la vigilance du vice-roi du Pérou, le marquis de la Concorde; il ne lui fut pas même permis de reprendre le commandement de son régiment. Cette situation était d'autant plus honteuse que ses compagnons d'armes se couvraient de gloire, luttant avec des poignées d'hommes sur ce théâtre de géans. Il demanda à partir pour l'armée que commandait le nouveau général Laserna, qui le destina à la présidence de la ville de Charcas. *Là il donna pour la première fois des preuves de la férocité de son caractère, ainsi qu'à la funeste bataille de Chacabuco il en avait donné de sa lâcheté. Dans cette bataille on perdit par sa faute presque tout le royaume du Chili, et sa présidence fit évanouir les dernières espérances de réconciliation entre les naturels du pays et la mère-patrie, par les vols et les scandaleux assassinats qu'il commit ou autorisa pendant son gouvernement éphémère.* Le sang du lieutenant-colonel D. Casimiro Hoyos et de bien d'autres s'élèvera, avec la même énergie que celui des généraux morts à Estella, contre l'inhumanité et la lâcheté de ce monstre.

Les violences de Maroto dans cette malheureuse cité furent telles, et ses exactions si peu dissimulées, qu'il devint indispensable de lui ôter la présidence, et cela dans des termes si peu honorables, que ses chefs et ses frères d'armes ne voulurent plus l'admettre dans leur société ; mais, en échange de la perte de son honneur, il avait eu soin de se pourvoir des moyens nécessaires pour ne jamais craindre les privations ni la faim qui tourmentaient quelques-uns de ses anciens camarades.

Méprisé tant des indigènes que de ses compatriotes, détesté des généraux Laserna, Canterac, Valdez et Carratala, ainsi que des commandans Lahera, Espartero, Villalobos et autres, Maroto demanda son retour dans la Péninsule, qui lui fut facilement accordé. A peine débarqué en Espagne, il présenta au roi Ferdinand VII une représentation dénonçant comme traîtres ses anciens chefs et compagnons, et leur attribuant la perte du Pérou. Quoique le délateur inspirât peu de confiance au gouvernement, son caractère étant connu, il y avait cependant trop de preuves de la conduite au

moins imprudente tenue par ces chefs, pour que l'on méprisât complètement cette accusation ; mais la politique exigeait pour lors que l'on ne descendît pas trop dans les manœuvres révolutionnaires employées pour ôter le commandement au digne général Pezuela : aussi, quoiqu'on ne parût pas donner une grande importance à l'accusation, on prouva cependant qu'elle n'avait pas déplu, puisque au bout de quelque temps le délateur obtint le commandement-général de la province des Asturies, qu'il conserva seulement quelques mois, à cause des instances continuelles des habitans, qui demandaient son remplacement, fatigués qu'ils étaient de sa conduite tyrannique.

Il se retira donc à Valladolid et de là à la cour, où, à force de sollicitations faites en sa faveur auprès du roi Ferdinand, il obtint d'être nommé commandant-général de Toledo. Là encore ses mauvaises habitudes le suivirent ; dénoncé pour avoir détourné à son profit des fonds appartenant à divers habitans de cette province, son commandement lui fut enlevé, et son traitement retenu pendant plusieurs mois, pour indemniser les personnes qu'il avait lésées : les pièces de ce procès honteux, qui n'a jamais été définitivement jugé existent encore dans les bureaux de la capitainerie-générale de la Nouvelle-Castille.

Depuis cette époque, Maroto végéta jusqu'à l'année 1833, où il reparut sur la scène politique ; il était impliqué dans un des nombreux procès de conspiration qui eurent lieu alors. De grands soupçons pèsent sur lui dans cette circonstance, tout porte à croire qu'il fut le véritable délateur ; mais ce qui est positif, c'est qu'il demanda à son avocat, le licencié Gomez Acevo, de lui écrire un mémoire déclarant la part de culpabilité de chacun des Royalistes ses co-accusés. L'avocat s'y refusa, en disant qu'il n'était pas disposé à changer son rôle honorable de défenseur pour celui de vil délateur. Le procès fut jugé, les complices de Maroto condamnés à huit et dix ans de galères, tandis que lui fut seulement déclaré suspendu de son emploi pendant six ans, et envoyé à Séville. N'ayant pu s'y rendre, à cause de l'épidémie, on changea sa destination pour Grenade, où il se rendit ; de là il s'enfuit à

Valence, où quelques Royalistes qui le connaissaient peu, et le regardaient comme une victime du gouvernement, l'accueillirent, et, après l'avoir tenu caché pendant quelque temps, le firent embarquer secrètement pour Gibraltar.

De Gibraltar il lui fut très facile de passer en Portugal, où était D. Carlos. A son arrivée il trouva ce prince vivement poursuivi par Rodil; et, s'il faut ajouter foi aux rapports de quelques personnes qui accompagnaient D. Carlos, Maroto dut pratiquer quelques intelligences dont le résultat devait être de le livrer à Rodil à Alméida. Comment cet homme, que D. Carlos venait de créer lieutenant-général, ne réussit-il pas à exécuter son projet? Ce fait n'est pas très bien expliqué; mais il est certain que dès l'arrivée de Maroto auprès de D. Carlos la discorde souffla ses fureurs parmi ceux qui l'entouraient. Maroto, qui n'a jamais eu d'autre mobile que l'ambition ou l'intérêt, se mit en lutte avec le général Romagosa, le vertueux évêque de Léon, l'intendant Negrete, et autres sujets loyaux et dévoués de D. Carlos : il semblait qu'il eût reçu des clubs de Madrid la mission de tout bouleverser autour de ce prince, tant il fit d'efforts pour introduire la haine et la méfiance parmi ses serviteurs les plus fidèles. Cependant il fut du nombre de ceux qui le suivirent en Angleterre après les événemens d'Evora-Monte, et il y resta lorsque ce prince vint à travers la France se mettre à la tête de l'insurrection des provinces Basques : quelques mois plus tard Maroto le rejoignit, et reçut le commandement-général de la Biscaye.

Pendant qu'il remplissait ses fonctions, l'argent pour payer les troupes et surtout les espions manquant, il demanda l'autorisation d'utiliser le produit des mines de fer pour l'employer à ce dernier usage, qui par sa nature n'admet pas de documens justificatifs; aussi dans les comptes qu'il rendit à la fin de l'année on trouve souvent des articles inscrits de la manière suivante, *mille piastres pour un service très important, cinq cents piastres pour un avis d'un grand intérêt,* et ainsi de suite.

Quant à des hauts faits dans sa carrière militaire, il ne se distingua pas plus dans les rangs carlistes qu'il ne l'avait

fait en Amérique ; la seule bataille à laquelle il prit part,
celle d'Arrigorriaga, ne produisit pas les brillans résultats
que l'on en attendait, par sa désobéissance aux ordres du
chef d'état-major général de l'armée : aussi son commandement lui fut-il ôté par ordre royal, et il resta entièrement
oublié dans Tolosa.

Les colonnes carlistes de la Catalogne acquéraient cependant de la consistance, il ne leur manquait qu'un chef capable de les organiser et de les assujettir à la discipline militaire ; D. Carlos crut que Maroto, auquel on attribuait
une certaine fermeté de caractère, serait propre à ce service,
et l'envoya en Catalogne avec les instructions nécessaires :
D. Carlos lui donna aussi 30 mille réaux de sa cassette pour
subvenir aux frais du voyage. Peut-être eut-on en vue, en
le nommant à ce commandement, d'éloigner un homme dont
les intrigues continuelles pouvaient embarrasser le gouvernement.

Pour effectuer son voyage sans risques, il se présenta aux
autorités Françaises à Bayonne, comme un déserteur de la
cause carliste, qu'il feignit d'avoir cessé de servir, et se montra disposé, dans un interrogatoire qu'il subit devant le général Harispe, à donner tous les détails qu'on lui demande-
rait sur ce qui se passait à la cour de D. Carlos. Dans ses
réponses on voit toute la haine, tout le mépris que cette
ame vile et ingrate renfermait pour son bienfaiteur. Ce document, imprimé dans le *Phare de Bayonne* du 4 août 1838,
ne laisse aucun doute sur les sentimens de Maroto : on pouvait juger qu'il n'attendait qu'une occasion favorable pour
trahir la cause qu'il prétendait défendre (1), et la sincérité ap-
parente de son langage persuada au général Harispe que l'homme
qui s'exprimait ainsi en sa présence, en voulant l'abuser, ne
trompait cependant que le Prince qu'il servait : aussi n'hé-
sita-t-il pas à accepter la parole d'honneur que Maroto lui
donna, promettant de demeurer tranquille à Tours ; car s'il
y était fidèle, c'était un combattant de moins sous les drapeaux
de D. Carlos, et s'il y manquait c'était un traître de plus
qui contribuerait à sa ruine.

Maroto donna donc sa parole d'honneur de rester en France,

et de ne prendre aucune part dans les affaires carlistes. Mais que signifie la parole d'honneur d'un traitre, d'un homme comme Maroto ? Il profita de la sécurité qu'il devait à la bonté ou au calcul prudent du général Harispe, pour vendre ses chevaux et acheter pour 60,000 fr. une belle maison de campagne dans les environs de Bordeaux ; cette propriété est simplement un objet de luxe qui ne produit rien, et occasionne de grandes dépenses à son possesseur : ce qui prouve qu'au milieu de la misère qui affligeait l'armée carliste, et même le Prince dont on défendait les droits au prix de tant de sang et de si grands sacrifices, Maroto, qui ne s'était jamais exposé à verser une goutte du sien, avait su cependant mettre le temps à profit d'une manière avantageuse pour son avenir.

Après avoir établi sa famille sous un nom supposé dans cette propriété, où elle est restée jusqu'après la consommation de sa trahison, Maroto se mit en route pour la Catalogne, au mépris de sa parole et des promesses solennelles faites au général Harispe. Il arriva dans cette principauté animé des mêmes intentions qui avaient toujours dirigé sa conduite militaire et politique : faisant valoir les ordres de D. Carlos dont il était porteur, il travailla à compromettre et à discréditer le général baron d'Ortaffa, son fils (2), ainsi que tous les autres officiers de mérite qui s'occupaient de l'organisation des forces carlistes ; il exigea des contributions énormes, au lieu d'inspirer aux Calatans de la confiance dans le gouvernement de D. Carlos, il exaspéra les esprits, et les Catalans virent qu'il ne pensait qu'à leur arracher ce qu'ils possédaient, et à les mettre dans l'impossibilité de continuer la guerre : aussi se déclarèrent-ils tellement contre lui qu'il ne lui resta d'autre ressource que la fuite en France (3). Cette conduite lâche et tyrannique indigna D. Carlos, qui lui fit communiquer un ordre lui défendant de jamais remettre le pied en Espagne, sous peine de passer devant un conseil de guerre pour répondre aux graves accusations qui pesaient sur lui.

Maroto se rendit à Marseille, et de là en Italie et sur les frontières d'Allemagne ; il demanda des recommandations aux membres de la famille de D. Carlos pour tâcher de rentrer

au service de ce prince , et se refaire des dépenses occasionnées par son voyage.

De retour en France, Maroto fit valoir ses recommandations auprès de D. Carlos, et n'épargna ni prières ni promesses. Ses premières représentations restèrent sans réponse ; mais enfin les intrigues ourdies au quartier-royal en sa faveur le décidèrent à tenter la fortune, et le 31 mai 1838 il passa la frontière d'Espagne, et vint à Tolosa. Le 25 juin, après la perte de Penacerrada, D. Carlos le nomma chef d'état-major général. Les antécédens de Maroto excusent bien la répugnance avec laquelle D. Carlos se décida à lui confier un poste toujours très important, mais qui entre les mains d'un homme de son caractère devenait une véritable dictature. Alors les libéraux lancèrent un cri de joie, dès ce moment les inquiétudes d'Espartero et des autres généraux christinos qui avaient connu Maroto en Amérique cessèrent : soit qu'ils fussent déjà d'accord, ou que le passé leur répondît de l'avenir, il est certain que dès le moment que Maroto eut pris le commandement de l'armée carliste la lutte cessa complètement dans les provinces du nord.

Maroto chercha à séduire les officiers pour s'attacher l'armée, afin de la faire servir à ses desseins; et tous ceux qui opposèrent à ses tentatives de séduction une inébranlable fermeté furent, sous divers prétextes, renvoyés des rangs de l'armée, et remplacés par d'autres, mécontens, et animés de désirs de vengeance. Il se mit en opposition ouverte avec les ministres et les députations; il obligea même ces corporations à changer le mode administratif qui avait suffi jusqu'alors pour subvenir à la subsistance de l'armée et des employés civils.

Quelquefois il se plaignait de D. Carlos, qu'il accusait de se laisser dominer par les conseils de ses ennemis, au point de ne pas lui accorder les ressources indispensables pour combattre avec succès l'armée christine. Lorsque quelques jours de solde étaient partagés à la troupe, il ne manquait jamais de faire répandre par ses affidés le bruit que cet argent sortait de sa poche; qu'il ne pouvait voir sans être ému de compassion, et disposé à faire les plus grands sacrifices ,

les privations et la misère qui pesaient sur de si braves soldats; enfin il ne négligeait aucun moyen de nuire à la personne de D. Carlos et à son gouvernement, blâmant tous les actes
des ministres, accusant et discréditant le Prince. Les intrigues
de toutes sortes ourdies par le général, et la correspondance
qu'elles occasionnaient, absorbèrent bientôt tout son temps; et,
ne pouvant suffire à un tel surcroît de travail, il fit venir de
Valence un de ses anciens complices, son ami, D. Juan José
Arizaga, disant que ses conseils lui étaient nécessaires, tandis
qu'en réalité c'était parce que Maroto, quoique profondément
méchant, manque de courage, et il craignait qu'au moment
de l'exécution de ses projets la force ne lui faillit. Son ami
Arizaga, aussi vil que lui, est doué de cette force de caractère, de cette fermeté dont Maroto est dépourvu.

La facilité avec laquelle Maroto a pu effectuer sa trahison
paraîtrait incroyable si ce drame sanglant ne s'était passé à
la vue de l'Europe entière. Une armée accoutumée à combattre sans cesse depuis cinq ans, en souffrant toute espèce
de privations, restait depuis plusieurs mois, quoique bien
pourvue et surtout bien payée, dans une inaction complète.
Pendant que le vaillant Cabrera, en Aragon, détruisait une
à une toutes les divisions de l'armée du centre, soumettait
à l'autorité de D. Carlos le royaume de Valence, les provinces
de Cuenca, Guadalajara, et la Manche; qu'il formait une
cavalerie respectable, effrayait la cour de Madrid, et établis-
sait une administration qui assurait ses triomphes à venir,
Maroto, d'accord sans doute avec Espartero, se contentait de
promener les troupes de Balmaseda à Estella et de Durango
à Morentin, suivant parallèlement les marches et contre-mar-
ches de son adversaire, de la Rioja en Biscaye et *vice versâ*.

Tantôt il prétendait manquer de cartouches; on lui en en-
voyait ordinairement le double de ce qu'il avait demandé,
et pourtant il disait qu'elles n'étaient pas suffisantes. D'autres
fois il fesait transporter l'artillerie précipitamment, et à grands
frais, sur un point d'où il la fesait revenir le jour suivant
par le même ou un autre chemin : toutes ces manoeuvres
inutiles étaient expliquées par l'exécution d'un plan important qu'il méditait. Enfin il se plaignait vaguement des mi-

nistres, qui contrariaient, disait-il, ses opérations; il répandait des calomnies de toute sorte, et dans ces manéges il était parfaitement secondé par son digne confident et ami Arizaga.

Le 18 février 1839 arriva enfin, et l'oeuvre d'infamie étant préparée, Maroto, pensant n'avoir plus rien à ménager, se décida à assassiner ceux qu'il n'avait pu corrompre. Dans la nuit du 17 il envoya au gouverneur d'Estella une dépêche écrite de sa main, conçue dans les termes suivans : « V. Exc. « se rendra au château du Pui à trois heures du matin, « pour y recevoir les généraux Garcia, Sanz, Guergué, le « brigadier Carmona, et l'intendant Uriz, que vous ferez « disposer à la mort aussitôt leur arrivée, afin de les faire « exécuter deux heures après, et vous m'en donnerez avis « de suite. » Il y aurait bien des choses à dire, bien des détails à donner sur ce qui précéda et suivit cette sanglante tragédie, dont personne n'eut connaissance qu'après l'exécution, pas même le Souverain, sans l'ordre duquel on ne peut d'après les ordonnances mettre à mort aucun individu, dans laquelle il n'y eut ni procès, ni accusation ni sentence ; mais, comme nous avons traité ce même sujet dans le cours de l'ouvrage, nous nous contentons ici d'indiquer les faits. Ce même jour, à sept heures du matin, Maroto monta à cheval à la tète de l'escadron de Carrion, et, suivi des bataillons 1.er et 7.e de Navarre, il sortit d'Estella, confiant à la compagnie des guides et à Blas Maria Royo, fils d'un boucher, le soin de consommer le sacrifice des victimes désignées. Dans l'après-midi le malheureux D. Luis Antonio Ibanez, un des secrétaires du ministère de la guerre, fut aussi exécuté avec la même injustice et la même précipitation.

Sa vengeance satisfaite, Maroto écrivit à D. Carlos une lettre, et publia un manifeste adressé au peuple et à l'armée, que nous ne reproduisons pas ici ; le lecteur retrouvera plus tard ces deux pièces, dans lesquelles on voit la confusion produite dans les idées de Maroto par un crime qu'il ne savait comment pallier, et le mystère des intentions dans lesquelles il avait été commis (4).

Malheureusement pour lui et pour sa cause, D. Carlos, qui

dans le premier moment avait pris une noble résolution, ne sut pas la soutenir, et l'assassin obtint non-seulement sa grâce, mais encore l'exil de toutes les personnes qui étaient demeurées fidèles au principe monarchique qu'elles avaient juré de défendre, et qui aimaient et respectaient le Prince qu'ils regardaient comme leur souverain. Dès ce moment le sort de D. Carlos dépendit de la volonté d'un homme aussi vil que Maroto! Celui-ci, ne voyant plus d'obstacles à ses desseins, travailla activement à assurer leur réussite; ses conventions avec Espartero purent se faire ouvertement par le courrier ordinaire, comme une transaction commerciale, licite et naturelle. Le simulacre de défense opposé aux attaques d'Espartero sur Guardamino et Ramalès n'eut pour objet que de sauver les apparences, le jour n'étant pas encore arrivé pour se démasquer publiquement, et se défaire des bataillons et des chefs dont la fermeté et la loyauté inspiraient de la crainte : en effet, ils furent sacrifiés dans ces combats. Là encore Espartero, dont la bravoure ne peut être mise en question, joua le rôle propre à son caractère : il attaqua vaillamment les positions, quoiqu'il sût que ceux qui les défendaient ne seraient pas secourus; et Maroto, fidèle à ses antécédens, se tint à trois lieues du champ de bataille. L'exercice d'aucune vertu est si difficile à cet homme, qu'il ne peut même se décider à en revêtir l'apparence. Pleurons sur les infortunés qui périrent dans ces inutiles combats, déplorons le sort des familles dont l'avenir a été vendu et livré comme une marchandise. Le nom de Maroto passera à la postérité pour désigner la bassesse et l'infamie, comme Tartuffe pour l'hypocrisie, et D. Quichotte pour la folie chevaleresque.

Plût à Dieu que la paix de l'Espagne fût une conséquence plus ou moins directe de la trahison de Maroto! mais quant à lui personnellement, nous n'hésitons pas à lui prédire un avenir malheureux; il sera poursuivi par la haine des victimes de son infamie et le mépris des honnêtes gens de tous les pays; et quoiqu'une ame comme la sienne soit incapable d'éprouver des remords pour avoir trahi la cause de son Roi, il regrettera peut-être de s'être vendu à si vil prix.

Maroto a déjà reçu du gouvernement Espagnol la grand-croix d'Isabelle-la-Catholique. Cette marque honorable de distinction brillera sur sa poitrine non comme récompense pour des actes d'héroïsme et de vertu, mais comme le sceau de la plus hideuse trahison.

Cet homme endurci dans le crime va se rendre à Madrid pour y jurer fidélité à la jeune Isabelle et à la constitution, comme jadis il avait juré de défendre D. Carlos. La politique pourra obliger cette princesse à lui sourire; mais les loyaux Castillans détourneront la tête en rougissant de honte. Les Espagnols n'ont pas oublié les exemples d'honneur qui leur ont été légués par leurs nobles ancêtres. Comme le connétable de Bourbon, Maroto sera toléré, mais toute trace de sa présence sera effacée. Maroto a trahi D. Carlos, le même sort attend Isabelle.

CHAPITRE IER

Pour bien faire comprendre toute l'infamie de la trahison de Maroto, il est nécessaire de rappeler en peu de mots quelle était la position de la cause carliste dans les Provinces du nord, lorsque le commandement lui fut confié le 25 juin 1838. A cette époque les Provinces entières appartenaient aux carlistes, les christinos ne possédaient que Saint-Sébastien, Bilbao, Vitoria, Pampelune, les villes fortifiées de la Ribera, celles des rives de l'Ebre et la grande route d'Irun à Hernani en Guipuzcoa, une distance de trois lieues.

Toutes ces villes étaient si étroitement bloquées par les carlistes, que les communications et les approvisionnemens ne pouvaient se faire que par de fortes colonnes.

L'armée carliste était composée de près de 3o,ooo fantassins bien organisés, et 15oo cavaliers bien montés ; l'artillerie était nombreuse, les munitions abondantes, de l'argent incessamment attendu. Espartero avait alors sous ses ordres une armée considérable ; sa cavalerie, ainsi que son artillerie, étaient imposantes, le gouvernement de la Reine ayant fait les plus grands efforts pour s'emparer d'Estella ; le matériel réuni à Logroño et Puentela-Reina était immense. Quoique le général Guergué, commandant en chef de l'armée carliste, ne possédât pas de grands talens militaires, il tenait cependant en échec les troupes christines ; et à l'exception de Peñacerrada, les carlistes ne perdirent pas un pouce de terrain pendant le temps qu'il conserva le commandement en chef ; au contraire, ils étendirent leur domination jusqu'aux portes de Santander, prirent Nanclarès, obligèrent Espartero à évacuer Balmaseda ; et Tarragual, dans les fréquentes excursions qu'il fit dans le haut Aragon, désarma les gardes nationales de plusieurs villes, et s'empara d'une grande quantité de bétail.

On pourra juger des sentimens du peuple par les détails contenus dans la lettre suivante, écrite par un observateur impartial, ainsi que des efforts tentés par les agens christinos pour séduire les volontaires du Guipuzcoa.

Tolosa, 8 Juin 1838.

Hier D. Carlos, accompagné de l'infant D. Sébastien, du lieutenant-général D. Rafaël Maroto, du ministre de la guerre par intérim, de ses deux aides-de-camp, le général D. Fernando Zabala et le baron de los Valles, et de deux autres personnes de sa maison, a visité les forts et les lignes d'Andoain. Le bon état des fortifications et la tenue des troupes ont paru faire plaisir à D. Carlos, qui en a témoigné hautement sa satisfaction; il a été reçu par l'armée avec le plus grand enthousiasme, aux cris mille fois répétés de *Vive le Roi! Vive notre père! Mort aux christinos!* La population de tous les villages environnans l'entourait, et il paraissait vivement ému de cette réception si affectueuse. Jamais le peuple ni l'armée ne se sont montrés plus dévoués à leur Roi que dans ce moment. La tentative de Muñagorri a bien clairement démontré les sentimens qui animent le peuple. L'anecdote suivante prouvera ceux de l'armée.

« Il y a quelques jours la garnison d'Oyarzun envoya un parlementaire à D. Faustino Echeto, commandant du 3.ᵐᶜ bataillon de Guipuzcoa, qui est en observation sur ce point, lui demandant une entre-

vue : Echeto l'ayant accordée, trois officiers christinos se rendirent au lieu désigné, et peu après Echeto
avec deux autres officiers carlistes. Les salutations
échangées, le chef des christinos commença la conversation à peu près dans ces termes : « Je suis sûr
« que vous désirez la paix aussi ardemment que nous,
« et que vous l'accepteriez avec plaisir pourvu que
« vos priviléges fussent assurés. Que nous importe
« qui règne, D. Carlos ou Isabelle ? Que les parti-
« sans de la royauté donnent le sceptre de Castille
« à celui des deux qui leur conviendra le mieux :
« quant à nous rallions-nous autour de l'étendard
« Basque, *nos fueros, nos priviléges ;* abandonnons
« D. Carlos et Isabelle, et combattons contre tous
« ceux qui tenteront de nous arracher nos droits an-
« ciens et vénérés. » Echeto écouta patiemment le
rusé christino, et lorsqu'il eut fini il lui dit : « Je
« consens avec plaisir à fraterniser avec vous, car
« vos sentimens sont ceux d'un noble basque ; réu-
« nissez-vous donc à nous ; mais il nous faut un chef
« qui nous conduise à la victoire, et quel autre
« meilleur que D. Carlos ? ce prince n'a-t-il pas juré
« de conserver nos *fueros* et de chasser du trône la
« reine Christine qui nous les a enlevés ? Venez donc
« au camp de D. Carlos, car c'est avec lui que nous
« voulons vaincre ou mourir pour la défense de ce
« que nous avons de plus cher et de plus sacré au
« monde. »

Une autre anecdote, qui m'a été racontée
par un anglais dont la véracité ne peut être
l'objet d'un doute, offre encore une nouvelle

preuve à l'appui de ce qui a été avancé dans la lettre précédente.

« Il y a peu de jours j'entrai dans une ferme près de Goizueta ; elle était habitée par deux vieillards , trois jeunes femmes dont les maris sont sous les drapeaux de D. Carlos, deux femmes âgées, et une troupe d'enfans. Je dînai avec eux, et la conversation porta naturellement sur les hauts faits des volontaires, maris des jeunes femmes ; tous s'accordèrent à dire qu'ils désiraient la paix. Ils se plaignirent aussi des charges qu'ils ont à supporter ; le travail de la journée suffisant à peine pour le paiement des contributions, les femmes sont encore obligées de veiller une partie de la nuit pour vêtir leurs maris. Je leur demandai si pour obtenir la paix ils consentiraient à sacrifier D. Carlos et à reconnaître Isabelle. Je n'oublierai jamais l'étonnement causé par cette demande ; je crois réellement que si je n'avais pas été accompagné par un ami, je courais risque d'être pris pour un espion, et traité comme tel. Lorsque le premier moment fut passé, ils me répondirent : « Jamais les « Basques ni les Navarrais ne consentiront à recon- « naître un autre souverain que Carlos 5.º, nous sa- « crifierons tout ce que nous possédons pour assurer « son triomphe ; et si mon mari, ajouta une des jeunes « navarraises, désertait la cause qu'il sert, il ne serait « plus rien pour moi, et je le poursuivrais au bout « du monde pour le remettre entre les mains de « ceux qu'il aurait abandonnés. » Tels sont les sentimens des Basques et des Navarrais. Dans les villes l'enthousiasme n'est pas moins grand : j'ai accom-

pagné D. Carlos de Tolosa à Villafranca, et partout sur la route il a été salué des cris de *Vive le Roi! Vive notre père*. A Alegria il a été reçu au son des cloches, les façades des maisons étaient tapissées, l'ayuntamiento et le clergé sont venus au devant de lui, les balcons étaient remplis de femmes; et pendant le temps que le cortége a mis à traverser la ville, les cris de *Vive le Roi!* n'ont cessé de se faire entendre : il en a été de même à Villafranca et dans tous les villages sur la route.

Il est à remarquer que malgré l'état déplorable dans lequel l'armée carliste revint de sa malheureuse expédition aux portes de Madrid, indisciplinée, déguenillée, sans argent, et quoique plusieurs de ses chefs fussent disgraciés et mis en état d'arrestation, l'enthousiasme était tel, que sous les ordres de Guergué, en présence d'un ennemi victorieux qui pouvait les écraser, les carlistes reprirent bientôt une attitude imposante, et non-seulement empêchèrent Espartero d'avancer, mais encore prirent l'offensive contre lui.

Qui oserait dire qu'à cette époque l'armée carliste ou même le peuple désirait la paix à tout prix, et qu'ils sacrifieraient D. Carlos sur la simple assurance de la conservation de leurs *fueros?* Les faits parlent assez haut, il n'est pas besoin de commentaires. Je n'entrerai dans aucun détail sur les intrigues qui s'a-

gitaient soit à la cour ou dans le camp de D. Carlos, mes observations n'ont que deux objets en vue : présenter sous son véritable jour la trahison de Maroto, et prouver qu'il n'a jamais eu l'appui de la population des Provinces. En même temps il est nécessaire de constater que l'armée était mécontente de voir le ministère de la guerre confié à M. Arias Teijeiro ; l'inaction dans laquelle le général Guergué la retenait était un autre sujet de plaintes graves (1).

Pendant les mois d'avril et de mai 1838, de grands efforts furent inutilement faits auprès de D. Carlos par quelques généraux sans emploi et par le baron de los Valles, pour l'engager à rappeler Maroto et à le placer à la tête de l'armée. Un jour D. Carlos étant à Lezaun près d'Estella, Villavicencio, le baron de los Valles, et le père Gil, qui était venu exprès de Loyola pour cette démarche, se présentèrent à D. Carlos pour lui démontrer la nécessité de mettre à la tête de l'armée un homme d'un caractère ferme, et qu'il n'y en avait aucun qui convînt mieux que Maroto. D. Carlos n'ayant pas répondu par un refus assez absolu, le baron de los Valles écrivit à Maroto au nom de D. Carlos, lui enjoignant de revenir sans délai dans les Provinces, en lui promettant le commandement de l'armée et

la faculté de choisir un nouveau ministère. Cette lettre fut envoyée à Maroto par les soins de M. Alzine, de Perpignan, un des agens carlistes.

Le 31 mai Maroto passa la frontière et se rendit immédiatement au quartier royal, alors à Tolosa. L'étonnement des ministres, ainsi que des autres employés civils et militaires qui entouraient D. Carlos, fut grand ; personne ne croyait que ce prince eût aucune intention de lui donner le commandement de l'armée.

Le 15 D. Carlos quitta Tolosa pour Elorrio, sans avoir rien dit à Maroto qui pût lui faire supposer qu'il pensait à lui donner le commandement de l'armée : bien plus, il ne lui fit donner ni avis de son départ, ni ordre de le suivre. Ce procédé irrita Maroto à un si haut degré, qu'il résolut de retourner en France ; et dans une conversation qu'il eut avec un étranger à Tolosa le 15 juin au soir, il s'exprimait ainsi :

« La conduite du Roi envers moi est indi-
« gne : m'envoyer chercher à Bordeaux pour
« me placer à la tête de l'armée, et depuis
« trois semaines que je suis ici, ne m'avoir pas
« même consulté une seule fois, ni rien dit
« qui puisse me faire croire qu'il pense à m'em-
« ployer. C'est affreux ! aussi suis-je décidé,
« demain je retourne en France ; plût à Dieu

« que je ne fusse pas venu. Voilà la seconde
« fois que le Roi m'insulte; et cependant, s'il
« m'eût donné le commandement de l'armée,
« j'ai la certitude de le placer sur le trône de
« ses pères. Je connais mieux que personne
« l'état de l'armée : jamais cause n'eut plus de
« probabilités de succès, tous les points vulné-
« rables des Provinces sont fortifiés, il y a beau-
« coup d'artillerie, le peuple est fermement
« dévoué à D. Carlos, l'armée christine est
« complètement démoralisée. Avec de pareils
« élémens je suis sûr de réussir; mais on ne
« veut pas de moi, on m'insulte : je ne suis pas
« homme à me laisser traiter ainsi, je rentre
« en France. »

Il résulte de cette conversation deux faits
très importans, l'un que Maroto se regardait
comme insulté par D. Carlos, l'autre le jugement porté par Maroto lui-même sur l'état
prospère de la cause carliste et sur les chances d'un triomphe prochain. Maroto n'a jamais
pardonné ni oublié une injure : tout lui a
semblé permis pour satisfaire sa soif de vengeance, il a assassiné ceux qui lui étaient opposés, il a livré à l'ennemi les provinces qu'il
avait juré de défendre, enfin il a ourdi une
trame diabolique pour remettre entre les mains
des christinos le souverain pour lequel il devait combattre.

Maroto était à Elorrio lorsque la malheureuse affaire de Peñacerrada, qui eut lieu le
22 juin, obligea D. Carlos à retirer le commandement confié au général Guergué; les
amis de Maroto assiégèrent D. Carlos, et à
force de promesses lui arrachèrent la nomination de ce général pour le poste si important
de chef de l'armée.

Maroto prit le commandement le 25 juin,
et le 29 il se rendit sous les murs d'Estella
pour surveiller les mouvemens d'Espartero;
il fut reçu de la manière la plus flatteuse par
l'armée, aux cris de *Vive le Roi! Vive le général Maroto!*

En se mettant à la tête des troupes, Maroto
publia la proclamation suivante.

L'histoire n'offre aucune preuve plus con-
vaincante de la trahison d'un général que cet
important document : en le lisant attentivement
on y verra que Maroto, tout en feignant d'engager les soldats à se montrer dignes de l'immortel Zumalacarrégui, lance adroitement des
insinuations perfides sur des tentatives de séduction de la part des christinos, sur la paix,
la conservation des priviléges, etc. Ceci, mis
en regard de ses actes subséquens, démontre
jusqu'à l'évidence que Maroto vint dans les
Provinces avec l'intention bien arrêtée de vendre D. Carlos pour satisfaire sa vengeance
personnelle.

Proclamation.

Volontaires ! Le Roi mon maître a daigné me confier le commandement de sa vaillante armée ; j'ai accepté avec confiance, encouragé par le souvenir de la valeur que vous avez déployée en face de l'ennemi : c'est avec vous que l'immortel Zumalacarrégui a cueilli les lauriers impérissables qui ornent son front, c'est à vous qu'il doit ses plus brillantes victoires. En rappelant à votre souvenir les vertus de ce héros, j'ai la ferme conviction que vous ferez voir au monde entier que vous n'avez oublié ni les glorieux exemples qu'il vous a légués, ni les sages conseils que vous reçûtes de lui ; et que le sentier de l'honneur et du devoir qu'il vous a tracé de son lit de mort sera religieusement suivi par vous tous.

Je veux imiter ce vaillant guerrier : comme lui, toujours au milieu de vous, vous me verrez le premier au poste de l'honneur et du danger. Mais pour vaincre, la plus stricte obéissance, la plus sévère discipline sont indispensables : j'attends de vous l'exécution ponctuelle des ordres de vos chefs. Chaque individu sera responsable de la plus légère atteinte portée à la discipline ; car je serai inexorable dans le châtiment de tout ce qui tendrait à l'altérer.

Le Roi et notre sainte Religion sont les objets sacrés dont la défense nous est confiée. Ne devons-nous pas tout sacrifier pour un si noble but ? Si les ennemis cherchent à semer parmi vous la désunion et la discorde, prouvez-leur par la loyauté de votre conduite que leurs intrigues ne seront pas accueillies par vous ; les passions viles et basses ne trouvent point

d'écho dans les cœurs dévoués des braves royalistes qui se sont armés pour la défense de la plus juste des causes.

Voyez la conduite de vos ennemis : l'assassinat de vos femmes et de vos enfans, l'incendie et le pillage de vos maisons, de vos villages, au moindre avantage qu'ils obtiennent. L'expérience du passé vous apprend ce que vous pouvez attendre d'eux, et quelle foi vous pouvez mettre dans les promesses de leurs agens ; traitez-les donc avec le mépris qu'ils méritent. *La paix qu'ils vous offrent, la conservation de vos priviléges, sont autant d'appâts trompeurs qui vous sont présentés pour vous séduire ou pour vous endormir dans une dangereuse inaction. Croyez à leurs promesses, et bientôt la dévastation de vos provinces, l'assassinat de tous ceux qui vous sont chers, viendront vous arracher trop tard à votre dangereuse sécurité ; car ils ont juré votre mort à tous sur les ruines de vos villages réduits en cendres.*

Haine éternelle à ces monstres ! Combattez avec votre bravoure accoutumée ; soyez vainqueurs, ou mourez comme des héros sur le champ d'honneur.

Quartier-général d'Estella, le 28 Juin 1838.

Rafael Maroto.

Jamais général ne fut plus heureux que Maroto ; peu après son entrée au commandement des sommes considérables vinrent remplir le trésor, Cabrera gagna de grandes victoires en Aragon, la désastreuse retraite d'Oràa devant

Morella, la destruction de la division Pardiñas, tout se réunit pour le favoriser; et lui, de son côté, ne laissait échapper aucune occasion de se rendre populaire dans l'armée. Il était si convaincu de l'effet que les avantages importans obtenus en Aragon devaient produire sur ses soldats, qu'il publia l'ordre du jour suivant :

ARMÉE ROYALE VASCO-NAVARRAISE.

Quartier-général de Morentin, 29 Août 1838.

ORDRE DU JOUR.

Les nouvelles relatives aux événemens de Morella que le gouvernement du Roi a reçues, confirment la retraite forcée de l'ennemi. Deux assauts infructueux dans les journées du 16 et du 17 lui ont fait perdre de 6 à 700 hommes sur la brèche. Oràa, manquant de vivres, et sans cesse harcelé par le général Cabrera, a dû lever le siége, après avoir perdu 4000 hommes en tués, blessés ou malades; il va cacher loin d'une place qu'il avait juré de réduire en cendres, la honte de sa défaite. Ainsi se sont évanouis les efforts impuissans de la révolution.

C'est encore un jour de gloire de plus pour les armes du Roi, qui mérite toute notre admiration.

Espartero craint de soulever le voile qui le couvre. Cependant il nous menace encore de l'occupation d'Estella; mais l'énormité de ses préparatifs nous découvre ses craintes, son indécision, et combien il

juge nos forces imposantes; et la désertion, toujours croissante de ses troupes, le découragement de ses soldats.

Le Dieu des armées protégera la cause du meilleur des rois. *Une obligation sacrée nous impose le devoir de vaincre ou de mourir, et l'armée Vasco-Navarraise ne le cédera en rien à l'armée d'Aragon.*

Ainsi l'espère votre chef d'état-major général,

RAFAEL MAROTO.

Après les préparatifs immenses faits par Espartero pour s'emparer d'Estella, sa retraite honteuse sans avoir tiré un seul coup de fusil, accrut beaucoup la popularité de Maroto, et en même temps prouva jusqu'à l'évidence à quel point était porté l'enthousiasme du peuple et de l'armée en faveur de D. Carlos.

Quelles raisons peut donner Maroto pour que dans le court espace d'un an il trouvât, ainsi qu'il le dit lui-même, dans l'indifférence du peuple et de l'armée pour ce même prince, une justification de sa lâcheté et de sa trahison?

Je vais suivre les actes de ce général jusqu'au moment de sa désertion aux christinos, et on le verra toujours tenir le même langage que dans sa fameuse proclamation du 28 juin déjà citée.

Le 7 juillet la proclamation suivante fut adressée par Maroto à ses soldats.

PROCLAMATION.

VOLONTAIRES! L'ennemi, enorgueilli par les avantages qu'il a récemment obtenus, se prépare à nous attaquer; il marche sur Estella, après avoir organisé une diversion sur nos lignes : il espère nous trouver abattus, il se flatte de nous vaincre facilement, prouvons-lui qu'il se trompe. Souvenez-vous que dans tous les combats, quoique inférieurs en nombre, vous avez été vainqueurs; rappelez-vous les glorieuses journées d'Asarta, Alsasua, Artasa, Gulina, les batailles de Descarga, d'Arquijas, des rochers de San Fausto, des plaines de Vitoria, de celle qui eut lieu sur les hauteurs de cette ville, et de bien d'autres encore non moins brillantes (2).

L'ennemi n'a pas oublié la manière dont il fut reçu par vous à Arrigorriaga. Espartero, malgré ses vingt bataillons et la légion anglaise, aurait vu son armée détruite sans une circonstance imprévue qui mit obstacle à nos succès, et cependant il fut forcé de chercher un refuge derrière les murs de Bilbao (3).

Obéissez à mes ordres, ayez confiance en vous-mêmes, et le triomphe est certain; présentez-vous à l'ennemi avec courage. Vous savez par expérience le sort qui vous attend, vous, vos femmes, vos mères et vos enfans; vous serez tous sacrifiés, vos maisons brûlées, vos moissons détruites; vous savez que l'ennemi a soif de votre sang, et ne sera satisfait que par la mort de vous tous. *Celui qui meurt en*

fuyant devant l'ennemi est un lâche ; que ceux qui ont peur sortent de nos rangs, nous ne voulons avec nous que des braves. Ayez confiance en votre général, et soyez vainqueurs ou mourez au champ d'honneur.

Rafael Maroto.

L'ordre du jour suivant fut publié par Maroto le 7 septembre.

Ordre du jour.

Espartero, après nous avoir menacés plusieurs fois s'est enfin décidé à avancer. Volontaires! le Roi notre maître a mis en nous toutes ses espérances, sa confiance ne sera pas trompée; surpassez s'il est possible l'héroïque armée d'Aragon, qui vient, guidée par le vaillant Cabrera, de mettre en déroute l'armée d'Oràa, qui avait osé entreprendre le siége de Morella.

Volontaires! que l'usurpation reçoive le coup mortel sous les murs d'Estella, présentez-vous au combat avec la résolution de vaincre ou mourir. Votre général veut vous conduire à la victoire, ou comme vous mourir en combattant. Aux armes donc, braves Volontaires!

Rafael Maroto.

La lettre suivante, écrite par le secrétaire intime de Maroto, donne des détails intéressans sur la conduite d'Espartero sous les murs d'Estella; on y verra aussi quels sentimens animaient à cette époque la population des Pro-

vinces et l'armée carliste. Un pareil témoignage
est trop important; on ne peut douter de sa
véracité.

Alsasua, 11 Septembre 1838,
3 heures du matin.

Vous savez déjà que M. le lieutenant-général Maroto, fatigué tout à la fois de l'indécision et des menaces d'Espartero, poussa une reconnaissance à la
tête de quelques bataillons le 1.er de ce mois, afin
de le provoquer; mais que les bataillons qui occupaient Lodosa abandonnèrent cette ville à son avant-
garde, pour se retirer de l'autre côté de l'Ebre, d'où
rien ne put les déterminer à se présenter au combat;
et M. le lieutenant-général dut rentrer le 2 à son
quartier-général de Morentin.

Toutefois, excité par ce mouvement, qui n'avait
pas d'autre but, Espartero se hâta de rassembler
toute son armée (ne laissant dans ses villes fortifiées
que les gardes les plus faibles) sur la rive gauche
de l'Arga, entre Larraga et Puente-la-Reina, c'est-
à-dire dans un espace de moins de trois lieues, où
ses soldats sont restés entassés jusqu'au 9 au matin.
Pendant ce temps Espartero a réuni trois conseils
de guerre pour s'encourager sans doute les uns les autres à combattre, et celui du 7 principalement devait
avoir ce but, puisque le 8 avant le jour ses colonnes
d'attaque furent mises en mouvement dans la direction d'Estella; mais à peine avaient-elles fait quelques pas qu'elles reçurent contre-ordre; et le lendemain 9, Espartero effectua une retraite complète,

2

après avoir fait brûler l'énorme masse de saucissons et autres objets de ce genre qu'il avait mis tant de temps à rassembler. Il est vrai qu'un émissaire de son gouvernement était arrivé près de lui, et Espartero savait positivement que plus d'un de ses bataillons n'attendaient que d'avoir traversé l'Arga pour passer en masse sous les drapeaux du Roi. Ces deux considérations semblent devoir diminuer un peu la honte de cette retraite; mais croyez aussi que les dispositions de notre général, et la confiance qu'il a su inspirer à ses braves volontaires, ainsi qu'aux populations, n'ont pas peu contribué à amener ce résultat, qui par cette raison n'est pas sans gloire pour nous et pour notre digne chef. Celui-ci avait suivi avec son activité accoutumée les mouvemens de l'ennemi, transportant successivement son quartier-général à Morillo et Goroci, et parcourant le terrain pour en tirer tout l'avantage que son expérience et son zèle lui permettaient. Par un ordre du jour du 7 au soir, que je regrette de n'avoir pas à ma disposition dans ce moment, il avait annoncé l'attaque pour le lendemain, parce qu'il la savait arrêtée, et il a réellement cru qu'elle aurait lieu ce jour-là. Hier encore il a parcouru toute notre ligne sur l'Arga, pour s'assurer sans doute si le général Espartero ne serait pas ramené par quelques remords de conscience, mais il n'a vu que la suite de sa dispersion et de sa retraite.

Je vous jure, Monsieur, qu'il est aussi fâcheux pour la cause du Roi que ridicule pour celle de l'usurpation, que les choses aient tourné ainsi. Si vous

aviez pu voir les habitans des environs d'Estella allant mettre en sûreté jusqu'au moindre objet de leurs propriétés, afin de ne rien laisser à l'ennemi, pas même de l'eau potable, les autres s'armant pour joindre leurs efforts à ceux de l'armée, et l'esprit qui les animait tous, vous penseriez comme moi que les environs d'Estella auraient été le tombeau de la révolution : en douter serait être plus incrédule qu'Espartero lui-même.

L'état dans lequel se trouvait l'armée christine est établi par les ordres du jour publiés les 3 et 4 septembre par le chef christino, le brigadier Tena, et dont voici la copie :

Ordre général du 3 Septembre 1838, à Lodosa.

S. Exc. le général en chef a des raisons de croire que les agens du Prétendant redoublent d'efforts pour corrompre la fidélité des braves de cette armée. Les ennemis, suffisamment convaincus de l'impuissance de leurs armes, ont recours à la perfidie et aux séductions pour trouver des moyens que ne peut leur fournir la justice de leur cause. L'intérêt de S. Exc. étant de conserver la réputation de son armée, il se voit obligé, en donnant ces avertissemens, de prescrire des mesures qui préviennent et punissent ceux qui pourraient se laisser séduire : en conséquence, il a ordonné ce qui suit :

Art. 1.er — Tout individu appartenant à l'armée, de quelque grade qu'il puisse être, qui déserterait après la publication de cet ordre, soit pour passer

à l'ennemi, soit pour rentrer dans ses foyers, ou pour tout autre motif, sera passé par les armes aussitôt qu'il sera pris, sans autre formalité que la création d'un conseil de guerre verbal pour constater le délit, et faire procéder à l'exécution de la sentence, qui sera ordonnée par le chef de la division à laquelle sera attaché le corps du délinquant.

Art. 2. — Tout individu appartenant à l'armée, de quelque grade qu'il puisse être, qui après la publication de cet ordre aura passé à l'ennemi, et sera fait prisonnier, sera également passé par les armes avec les formalités exprimées dans l'article précédent.

Art. 3. — Toute personne, de quelque rang, sexe ou condition qu'elle soit, qui aura donné asile aux déserteurs, ou les aura engagés à commettre ce crime, sera aussi passée par les armes, sans autres formalités que celles mentionnées pour les déserteurs.

Si les individus qui ont provoqué la désertion, ou donné asile à des déserteurs, parvenaient à prendre la fuite, leurs biens seraient confisqués, et leur produit appliqué aux besoins de l'armée.

Art. 4. — Cet ordre général sera lu par les officiers de semaine à toutes les compagnies pendant trois jours consécutifs, afin que personne ne puisse alléguer ignorance de sa publication.

Le brigadier, chef de l'état-major par interim,

TENA.

Ordre général du 4 Septembre 1838, à Artajona.

Quatre soldats du régiment des guides ont cherché à commettre, la nuit dernière, dans le canton de Carcar, où ils passaient la nuit, le crime de désertion. Leur délit a été prouvé immédiatement en la manière indiquée dans l'ordre général d'hier, et en conséquence ils ont été punis de mort. Les troupes ont été témoins de cet acte de sévère justice, en défilant dans les environs de Lerin. S. Exc. le général en chef espère que cet exemple suffira pour retenir dans le devoir tout individu que des promesses trompeuses parviendraient à en faire dévier; car ceux qui seraient tentés de suivre l'exemple de ces malheureux, peuvent être assurés qu'ils éprouveraient le même sort.

Le brigadier, chef de l'état-major par intérim,

TENA.

Voici encore un extrait d'une lettre écrite par le secrétaire intime de Maroto :

Mondragon, 22 Octobre 1838.

La désertion continue dans l'armée ennemie, et la nôtre ne cesse de croître plus rapidement chaque jour, en tenue, en discipline, en bien-être et en instruction. Dans deux mois elle sera mille fois plus forte et plus belle que jamais. Plusieurs bataillons de Navarre, excessivement réduits par les catastrophes qui ont précédé la prise de commandement du général Maroto, se recrutent maintenant au moyen des incursions qui se font dans la

Ribera, et bientôt ils auront tous réatteint leur complet.

On n'aurait pas pu réunir 4oo chevaux il y a trois mois, aujourd'hui on peut en rassembler plus de 1ooo, et l'on ne s'arrêtera pas là.

Il est à remarquer que malgré toutes les proclamations de Maroto et ses promesses répétées sans cesse de commencer les opérations, malgré l'inexplicable inaction d'Espartero, depuis sa retraite de devant Estella jusqu'au massacre des principaux généraux carlistes, qui eut lieu dans le mois de février 1839, l'activité de Maroto se réduisit à des marches et contremarches d'Estella à Balmaseda et de Balmaseda à Estella. D. Carlos et ses ministres attendirent avec anxiété pendant tout ce temps le commencement d'une campagne si souvent annoncée, et c'est dans la croyance que tant de promesses pompeuses seraient mises à exécution, que les notes suivantes étaient communiquées. Ces documens sont curieux, car ils montrent l'état d'incertitude dans lequel Maroto tenait l'armée carliste.

Quartier-général d'Alsasua, 11 Septembre 1838.

La nuit dernière nous avons quitté Estella; tous nos bataillons sont en mouvement. Le général Maroto nous quittera à midi pour se rendre au quartier-royal; l'état-major a ordre de partir à trois

heures dans la direction de Durango. La prudence ne me permet pas d'en dire davantage pour le moment : vous pouvez cependant aisément deviner notre destination ultérieure.

Quartier-royal d'Elorrio, 15 Septembre.

Le général Maroto a eu une longue conférence avec Sa Majesté ce matin, ensuite il est retourné à Durango.

Plusieurs pièces d'artillerie ont quitté Oñate, on les transporte en toute hâte vers Durango.

Elorrio, 17 Septembre.

Maroto est toujours à Durango, il est en communication journalière avec le Roi. Des opérations très importantes se préparent. Hier une compagnie de sapeurs, une du corps d'artillerie, et trois pièces de canon sont arrivées à Durango.

Balmaseda, 23 Septembre.

En conséquence d'un ordre du général Maroto, Merino a passé l'Ebre hier pour venir ici; il est accompagné par 4 bataillons aragonais et 400 chevaux. Carrion est avec lui, il escorte 250 fantassins et 40 soldats de cavalerie prisonniers.

Un conseil de guerre est convoqué pour aujourd'hui; des mouvemens d'une très haute importance doivent y être discutés.

Balmaseda, 26 Septembre.

Hier le général Maroto a poussé une reconnaissance jusque sous les murs de Villanueva de Mena : pas un seul coup de fusil n'a été tiré.

Zornoza, 29 Septembre.

Le général Maroto est toujours à Balmaseda : on croit généralement que les opérations vont commencer.

Hier la grosse artillerie est partie de Durango pour Balmaseda.

Elorrio, 1.er Octobre.

J'ai l'espérance de pouvoir bientôt vous annoncer quelque chose de plus intéressant que par le passé. Maroto a déclaré qu'il était temps maintenant de commencer à agir avec activité.

Elorrio, 10 Octobre.

Le général Maroto a quitté Balmaseda pour Estella. Espartero observe ses mouvemens de la rive droite de l'Ebre.

Elorrio, 11 Octobre.

Il faut espérer que Maroto aura eu le temps de frapper le coup qu'il méditait, avant qu'Espartero ne soit arrivé en Navarre.

Elorrio, 15 Octobre.

Le 9 Maroto est entré à Estella, le 10 il a fait une reconnaissance dans la direction de Lodosa. Nos troupes occupent la ligne de la Ribera et les environs de Lodosa.

Azcoitia, 22 Octobre.

Maroto a jugé convenable de quitter la Navarre; ce matin après une entrevue avec Sa Majesté il s'est mis en marche pour Balmaseda. On dit qu'il va attaquer Villanueva de Mena.

Azcoitia, 25 Octobre.

Dans la soirée du 23 le général Maroto est arrivé

à Balmaseda, il avait été précédé par 8 bataillons d'infanterie et 4 escadrons de cavalerie; ces troupes ont passé par les plaines d'Alava.

Azcoitia, 29 Octobre.

A la fin nous sommes à la veille d'entrer sérieusement en campagne. Maroto, qui est toujours à Balmaseda, a fait réparer le pont del Berron, nécessaire pour le passage de la grosse artillerie.

Azcoitia, 8 Novembre.

La pluie empêche de commencer les opérations. Maroto est toujours à Balmaseda.

Azcoitia, 15 Novembre.

Maroto a quitté Balmaseda le 12, et ayant traversé par la montagne de Descarga, il est rentré en Navarre. Les troupes marchent dans la même direction par les plaines d'Alava.

Azcoitia, 17 Novembre.

Maroto est encore une fois de retour à Estella; et maintenant, je répète ses propres paroles, il va commencer les opérations avec activité.

Azcoitia, 29 Novembre.

Le *statu quo* continue : nous avons cependant l'espérance de le voir cesser.

Azcoitia, 3 Décembre.

Maroto est toujours à Estella.

Azcoitia, 5 Décembre.

Il a été reçu au ministère un rapport du général Maroto; il promet de marcher sur le général Diego Léon.

Azcoitia, 9 Décembre.

Maroto ne s'est point avancé vers l'ennemi comme il l'avait promis; il a sans doute de bonnes raisons pour demeurer inactif, mais la plus grande partie des généraux sont bien loin d'être contens. Nous possédons tous les élémens de succès, il est malheureux de voir que ceux qui devraient en profiter pour amener nos affaires à une prompte conclusion, sont justement ceux qui créent des obstacles.

Azcoitia, 17 Décembre.

Le général Maroto est arrivé hier; il a de suite été admis par le Roi, qui l'a reçu en audience particulière (4).

Azcoitia, 20 Décembre.

J'ai enfin l'espérance que notre inaction va cesser; le soleil de la prospérité va encore une fois luire sur nous. Le général Maroto s'est mis en marche pour Andoain le 18.

Azcoitia, 24 Décembre.

Maroto est de retour à Estella!!!!

Azcoitia, 10 Janvier.

Le général Maroto a quitté Estella pour Balmaseda, il est actuellement en Alava.

Azcoitia, 14 Janvier 1839.

Maroto et Espartero continuent à s'observer l'un l'autre sur les rives de l'Ebre, aucun d'eux n'ose frapper le premier coup.

Azcoitia, 17 Janvier.

Maroto était le 15 à Salvatierra.

Azcoitia, 4 Février.

Tous les mouvemens militaires sont suspendus à cause des neiges qui sont tombées ces jours-ci.

Maroto est à Durango.

Azcoitia, 7 Février.

Grâces à Dieu le beau temps est de retour, et nous sommes tout prêts à agir; nous ne rêvons que batailles. Le Roi et la cour se préparent à partir pour Bergara, des courriers sont continuellement en route portant des dépêches du ministre de la guerre au général Maroto et *vice versâ;* tout ce mouvement présage quelque chose d'important, et j'espère que la correspondance va devenir d'un grand intérêt. La campagne va s'ouvrir avec éclat. Le général Maroto, s'il faut en croire ses amis, n'a pas perdu son temps cet hiver; *il a, dit-on, médité et préparé un plan d'une vaste étendue, et dont l'exécution est prochaine.*

Le général est toujours à Durango.

Bergara, 9 Février.

Toute l'armée est en mouvement : dans quelques jours je vais avoir à vous annoncer de grands mouvemens militaires.

Bergara, 11 Février.

Hier le Roi, accompagné des Infans et du général Maroto, a passé en revue les 9.e, 10.e et 12.e bataillons de Castille, les 1.er et 7.e de Navarre, l'escadron du prince des Asturies, la cavalerie de Carrion, et le 4.e escadron du 1.er régiment de lanciers. Après avoir défilé devant le Roi ces troupes se sont mises en marche dans la direction de Tolosa. Les soldats sont bien vêtus, leur tenue est parfaite, leur enthousiasme sans bornes.

Le général est parti hier pour Tolosa; tout ce mouvement nous donne lieu d'espérer que les opérations militaires, si long-temps attendues, vont enfin commencer, et qu'elles seront d'une nature très importante.

Bergara, 18 Février.

Maroto est retourné en Navarre.

Vera, 21 Février.

Commissariat de Vigilance. — J'ai à peine le courage de prendre la plume pour vous annoncer que le général Maroto a fait fusiller à Estella ces braves et purs carlistes les généraux Francisco Garcia, Pablo Sanz, Guergué, Teodoro Carmona, l'intendant-général Uriz, et le secrétaire de la guerre Ybañez.

Comme j'ai l'intention de traiter à fond dans le chapitre suivant les causes qui ont amené l'assassinat des généraux, je vais continuer la narration des mouvemens militaires de Maroto.

Après la célèbre proclamation du 24 février dans laquelle D. Carlos fait amende honorable à Maroto, ce général passa en Biscaye. Il avait déjà renvoyé des rangs de l'armée les officiers qu'il jugeait opposés à ses vues; les différens bataillons reçurent à leur tête des créatures de Maroto : ces changemens portèrent principalement sur les bataillons Biscayens. Plusieurs points importans furent laissés sans défense, tellement qu'Espartero aurait pu

pénétrer à son gré jusque dans le cœur des Provinces.

J'arrive maintenant à la partie la plus remarquable de cette narration, la conduite de Maroto en face de l'ennemi.

Le 27 avril Espartero attaqua une des divisions de Maroto sur le mont Ubal, enleva la position formidable del Moro, et força les carlistes à la retraite.

Ce fut le premier acte patent de trahison commis par Maroto : Espartero avait 30 bataillons pour l'attaque de positions inexpugnables, Maroto en avait 24 pour les défendre. Tout l'avantage était donc de son côté; mais il était si décidé à livrer le pays et à sacrifier l'armée carliste, qu'il confia la défense de ces positions à un petit nombre des meilleurs soldats, qui abandonnés à eux-mêmes périrent presque tous. Pendant l'action Maroto demeura à Nuestra Señora del Suceso, situé à une distance assez considérable du lieu du combat.

Le 8 mai les christinos ouvrirent leurs batteries contre Ramalès, qui fut abandonné dans l'après-midi par ordre de Maroto.

Le 9 mai Espartero attaqua le fort de Guardamino; il s'en rendit bientôt maître, *un accident imprévu ayant fait éclater pendant l'attaque les 4 pièces de canon des carlistes. Ces pièces avait été trop chargées!!!* (5)

Les troupes cependant murmuraient hautement. Maroto, pour apaiser la tempête qui
commençait à se soulever contre lui, assembla un conseil de guerre, uniquement composé des siens, qui déclara que non-seulement
le général avait bien agi pendant les combats
désastreux des jours précédens, mais encore
que l'évacuation de Balmaseda, Arciniega,
Orduña, et autres points d'une égale importance, devenait urgente. Ainsi le conseil de
guerre n'eut d'autre résultat que d'approuver
ce que le général avait fait, et de l'aider à mettre ses plans de trahison à exécution.

Maroto, qui pendant la durée des opérations
actives était resté à Manzanera, point éloigné du théâtre des opérations, porta alors son
quartier-général à Llodio et à Orozco. De là
il publia des ordres du jour et des proclamations sans nombre, annonçant son intention
d'écraser l'ennemi s'il osait pénétrer dans les
Provinces.

Depuis quelques jours il circulait parmi les
soldats des bruits relatifs à des correspondances entre Maroto et Espartero, on parlait même
d'une transaction qui allait être conclue. Ces
divers rapports créèrent une telle irritation dans
l'armée, qu'Espartero fit insérer dans le *Men-
sagero*, qui est son journal, un article qui disait que les entrevues entre Maroto et lord

John Hay avaient eu pour unique objet la question de représailles. Maroto de son côté crut devoir démentir ces bruits, et dans ce but il publia la proclamation suivante. Il suffit d'une simple lecture de cette singulière pièce pour se convaincre, même sans autre preuve, que Maroto préparait froidement sa trahison.

VOLONTAIRES,

Un jour de combat approche, dans lequel nous prouverons au monde entier que les défenseurs de la légitimité n'accorderont jamais le triomphe aux usurpateurs. Si l'abandon volontaire que nous avons fait de quelques points qui ne me présentaient pas les avantages que je dois chercher pour combattre contre les forces ennemies, leur a fait penser que nous les craignons; lorsqu'ils quitteront les positions qu'ils occupent, s'ils ne rétrogradent pas, ils trouveront la mort, que vos bras ne doivent pas leur épargner, en récompense de la conduite infâme qu'ils tiennent, pillant et brûlant vos champs et vos chaumières. La campagne qu'ils ont commencée avec des forces si inégales, comme vous l'avez tous vu, est la plus atroce, la plus barbare qui se puisse imaginer : en Navarre, dans la Solana, en Alava, du côté de Vitoria, sur Guevara et villages voisins, ils brûlent, ils saccagent tout, rien n'échappe à leurs rapines; et vous voyez le rebelle Espartero détruire à Amurrio, Orduña et Arciniega, tout ce qui peut satisfaire son inhumanité et sa brutalité.

EN VAIN DE VILS INTRIGANS RÉPANDENT DES BRUITS DE TRANSACTION, IL NE PEUT JAMAIS Y EN AVOIR ENTRE DEUX PARTIS DONT LES PRINCIPES SONT TELLEMENT OPPOSÉS. QUE NOTRE DEVISE CONSTANTE SOIT LE ROI ET LA RELIGION: IL FAUT TRIOMPHER, OU MOURIR LES ARMES A LA MAIN.

Quartier-général d'Orozco le 23 Juillet.

Votre général et compagnon,

RAFAEL MAROTO.

D'Orozco Maroto adressa la lettre suivante à un de ses amis.

On dit qu'Espartero se prépare à m'attaquer, je ne le crois pas; mais s'il avait cette témérité, soyez sûr que lui et son armée trouveront la mort sur le champ de bataille.

Je sais que mes ennemis travaillent avec ardeur contre moi, je méprise tous leurs efforts; mais malheur à eux si le jour arrive où je croirai devoir m'en occuper, car ma vengeance sera telle qu'on ne parlera plus des événemens d'Estella.

Le 8 août Espartero se décida à mettre Maroto à même d'exécuter ses menaces, ou plutôt certain d'avance qu'il ne serait pas inquiété dans sa route, il entreprit de se rendre d'Amurrio à Vitoria par le dangereux défilé d'Altabe. A son arrivée à Vitoria, Espartero adressa le rapport suivant au ministre de la guerre.

Commandement-général des armées réunies. — Ainsi que je l'avais annoncé à V. Exc. dans mon dernier rapport daté d'Amurrio, hier je me mis en marche, pénétrant dans le pays ennemi par le passage si difficile d'Altabe. Je croyais que Maroto, qui dans sa dernière proclamation s'était montré si sanguinaire et si orgueilleux, s'opposerait à mon passage, chose qui lui était bien facile, à la faveur des avantages que lui offraient le terrain et les tranchées de parapets qu'il avait fait élever dans cette série de positions formidables.

Résolu à lui livrer bataille, car j'espérais qu'il mettrait l'occasion à profit pour l'accepter, je renvoyai par le chemin d'Orduña à Miranda tout le bagage, pour être plus libre dans mes mouvemens; mais, au grand étonnement de toute l'armée, nous n'avons aperçu que quelques bataillons à une très grande distance de nous, et ma marche à Murguia s'est effectuée sans aucune opposition. Seulement les guerrillas ont eu à soutenir un feu très faible, dont il n'est résulté que trois blessés.

Les troupes ont passé la nuit à Murguia et villages voisins. Ce matin j'ai fait mon entrée dans cette capitale. Je vais d'ici entreprendre les opérations que je jugerai convenables, me réservant d'en donner connaissance à V. Exc., ainsi que de leurs résultats progressifs.

Quartier-général de Vitoria, le 9 août 1839.

Le duc de la VICTOIRE.

Ce qui suit est un extrait d'une lettre écrite par un officier attaché à l'état-major de Maroto :

Le mécontentement de l'armée carliste, même des bataillons qui entourent Maroto, croît de jour en jour ; ses soldats l'accusent hautement de trahison, reproche qui du reste semble bien mérité, si l'on fait attention que lorsque l'autre jour Espartero est venu d'Amurrio à Vitoria par les défilés de Murguia, son armée toute entière a été arrêtée par 30 castillans en guerrillas pendant l'espace de demi-heure : ces guerrillas ne cessaient de crier : « En avant les ba- « taillons, en avant les bataillons. »

Il n'y a pas de doute que si les bataillons se fussent présentés, l'armée entière aurait pu être écrasée ; mais Maroto, loin de faire avancer les troupes, a donné ordre aux guerrillas de se retirer, laissant ainsi Espartero sortir sain et sauf d'un passage où il devait laisser la fleur de ses soldats. L'engagement qui a eu lieu le 14 près de Villaréal est encore venu augmenter cette mauvaise disposition des troupes : même le 1.er bataillon de Navarre, qui avec le 7.e était très dévoué à Maroto, a été indigné de la lâcheté manifestée dans ces deux dernières occasions.

Pendant que Maroto préparait avec Espartero l'entrée en Guipuzcoa par Durango, il affaiblissait tellement les divisions d'Alava et de Navarre, que Martin Barea put impunément dévaster les villages des plaines de Vitoria, et Diego Léon ceux des environs d'Estella.

Le 23, après l'entrée d'Espartero dans Du-

rango, Maroto fit une proclamation dans laquelle il représentait la situation comme très critique, l'ennemi ayant profité de l'épuisement des ressources pour faire une invasion à laquelle on n'avait pu s'opposer. Après beaucoup de déclamations pompeuses, il se déclare contre une transaction : « Quelle transaction pouvez-vous espérer, dit-il, avec un ennemi qui brûle et dévaste tout comme en Navarre et en Alava? ce serait une honte, une lâcheté; il ne nous reste plus qu'à mourir les armes à la main. » Au moment même où il publiait cette proclamation, il écrivait à lord John Hay, lui promettant de lui livrer D. Càrlos et les Provinces dans un délai de 15 jours.

D. Carlos, effrayé des progrès des ennemis, et convaincu de la trahison de Maroto, convoqua une junte à Villaréal de Zumarraga. Maroto l'ayant appris, résolut d'empêcher cette réunion. A cet effet il fit prévenir D. Carlos que le 25 août un conseil devant s'assembler à Elorrio, il était nécessaire qu'il vînt le présider. D. Carlos partit pour Elorrio, avec son escorte de cavalerie : à son arrivée il fut reçu par Maroto; les bataillons étaient sous les armes, D. Carlos les passa en revue, et lorsqu'il eut fini il leur dit : « Volontaires, me « reconnaissez-vous pour votre Roi? êtes-vous « prêts à me suivre partout? —Oui, oui, jus-

« qu'à la mort : *Vive le Roi !* » Tels furent les cris qui éclatèrent d'abord dans tous les rangs : ensuite un peu d'hésitation se manifesta, D. Carlos s'aperçut que Maroto, qui était placé derrière lui, faisait des signes aux commandans des bataillons, et bientôt les cris *Vive Maroto ! vive notre général !* retentirent de tous côtés.

Alors D. Carlos se dirigea vers les soldats, et leur dit : « Volontaires, où est votre Roi il « n'y a pas de général. Votre Roi s'adresse à « vous : répondez, je vous le répète, voulez- « vous me suivre ? »

Les bataillons de Guipuzcoa gardèrent le plus profond silence. D. Carlos crut que ces soldats, ne parlant généralement que Basque, n'avaient pas compris ce qu'il leur avait dit, et il ordonna à Iturbe de répéter ses paroles dans cette langue ; mais celui-ci, loin de lui obéir, dit aux soldats : « Cet homme vous demande « si vous voulez le suivre, et moi je vous dis « qu'il vaut bien mieux se déclarer pour la « paix. » Les Guipuzcoans firent alors entendre les cris de *Vive la paix !* D. Carlos affligé, et voyant de nouveaux signes qui s'échangeaient entre Maroto et les commandans, crut que tout était perdu ; il craignit que l'on ne s'emparât de sa personne, et se tournant vers son escorte : « Nous sommes trahis, » leur dit-

il; et mettant son cheval au galop il arriva bientôt à Bergara, où était le quartier-royal. Dans cette excursion D. Carlos était accompagné de son fils et de l'infant D. Sébastien.

A Bergara D. Carlos ayant fait part à la princesse de ce qui se passait, tout le quartier-royal se mit en marche, sans même emporter les effets, et la fuite commença avec tant de précipitation qu'on ne s'arrêta pas même pour manger jusqu'à Villafranca, où l'on arriva à onze heures du soir.

Il paraît positif que si D. Carlos avait eu à Elorrio un peu de résolution, il aurait pu faire arrêter Maroto, car les bataillons de Castille lui étaient dévoués, et auraient obéi à ses ordres. D. Carlos hésita, et cet acte de faiblesse décida sa ruine.

Le cri de trahison étant devenu général dans les Provinces, Maroto crut devoir adresser les communications suivantes à son ami le général Montenegró, ministre de la guerre, alors à Villafranca.

A M. le chargé du portefeuille de la guerre.

Du 25 Août.

Etat-major général. — Dans la nuit d'hier il m'est arrivé un parlementaire de l'armée ennemie, porteur des propositions suivantes du gouvernement de Madrid :

Reconnaissance du seigneur D. Carlos Maria Isi-

dro de Bourbon, mon roi et seigneur, comme infant d'Espagne;

Reconnaissance des franchises provinciales dans toute leur extension;

Reconnaissance de tous les emplois et décorations de l'armée, me laissant l'arbitre de l'avancement et des récompenses à accorder à ceux qui seraient jugés les avoir méritées :

Ce dont je vous parle, pour qu'après que S. M. en aura pris connaissance, il me soit dit comment je dois répondre; et comme, dans les circonstances actuelles, je me suis proposé de ne cacher aucune de mes démarches, même les plus secrètes, je prie qu'il me soit permis de faire la présente communication au public; vous prévenant qu'aujourd'hui même après midi, je me propose d'avoir une conférence avec le chef supérieur des ennemis, pour lui demander de plus grands éclaircissemens sur cet objet.

Rafael Maroto.

Au même.

Du 26 Août.

Dans la matinée de ce jour j'ai eu une conférence avec le chef ennemi, ainsi que je me l'étais proposé, et comme je vous en avais prévenu dans ma lettre d'hier; mais, convaincu de la subtilité et de la duplicité de ses propositions, je suis résolu à le combattre avec les forces que je commande. J'espère que vous donnerez connaissance du tout au Roi N. S. (Dieu le garde), pour qu'il veuille bien me faire connaître sa souveraine volonté, que je suis déterminé à accomplir.

Rafael Maroto.

Pour mieux juger la duplicité de cet homme il faut prendre connaissance de la lettre suivante, qui lui a été adressée, et qui est antérieure de huit jours à la première dépêche ci-dessus.

Lettre du Commandant général de Guipuzcoa.

Andoain, le 18 Août 1839.

Mon respectable général,

Ce matin à dix heures j'ai eu une entrevue avec Aldave, envoyé par Elio pour savoir dans quels sentimens se trouve cette division. Nous lui avons manifesté franchement notre manière de penser, *l'accord dans lequel nous sommes de ne point faire un pas en arrière, et notre ferme résolution de mener à fin notre entreprise.* Si j'ai le plaisir de vous voir dans une couple de jours, nous causerons au long. J'ai même dit à Aldave, qui aujourd'hui est retourné à Etchalar, que vous ne vouliez d'aucune manière qu'un seul coup fût tiré contre le 5.ᵉ, et qu'il le dît bien à Elio. Il a été convenu qu'il le ferait. — S. M. a quitté Tolosa hier, dans le but d'avoir avec vous une entrevue qui aura eu lieu, je le suppose. *De toutes manières nous sommes tous ici invariables.*

BERNARDO ITURRIAGA.

Déclaré conformé aux originaux,
dont je réponds.

RAFAEL MAROTO.

De suite après la réception de la dépêche

de Maroto du 25 août, D. Carlos publia la proclamation suivante :

VOLONTAIRES,

Un événement si extraordinaire qu'il n'a pas d'exemple dans l'histoire de votre pays, ternirait la gloire
que vous avez justement acquise dans cette lutte héroïque, si quelques-uns d'entre vous se maintenaient
dans la défection où vous avez été entraînés aujour-
d'hui. Sous prétexte de paix, on a ouvert à l'ennemi
l'entrée de votre pays; et les chaînes de l'esclavage,
l'ignominie de la défaite, vont remplacer les lauriers
dont vous étiez couverts jusqu'à présent. La loyauté
de beaucoup d'entre vous a été surprise. Les propositions faites au Roi N. S. sont indignes de votre valeur, et il ne peut entrer dans votre idée de l'abandonner entre les mains de ses ennemis. C'est à cela seulement, ainsi qu'à vous lier au char de la révolution,
que se réduit la paix au nom de laquelle plusieurs
d'entre vous ont été séduits. Servez le Roi, considé-
rez votre héroïsme de six années, et ne le souillez pas
par un honteux délit! Une paix pour laquelle on
exige l'abdication du Roi qui a reçu vos sermens,
une paix convenue entre des chefs militaires sans
autorisation ni garantie, peut-elle être autre chose
qu'une perfidie pour s'emparer du pays qu'ils n'ont
pu dominer par les armes? Détrompez-vous, c'est la
trahison la plus infâme qu'aient vue les hommes. Plutôt mourir que succomber! La cause de Dieu est en
péril, ainsi que celle du Roi que vous avez promis
de défendre avec constance et honneur. Vous êtes

loyaux par caractère, vous êtes vaillans, vous êtes des héros : je n'ai plus rien à vous dire. Volontaires, *Vive la Religion ! vive le Roi !*

Villafranca, 26 août 1839.

JUAN MONTENEGRO.

Voici la copie d'une lettre que Maroto écrivit à D. Carlos le 27 août.

Sire, en me mettant aux pieds de V. M., comme je le fais, au nom de mes compagnons d'armes, j'oserai dire seulement à V. M. qu'un monarque n'est jamais plus grand que lorsqu'il pardonne les fautes de ses sujets. D. Eustaquio Laso présentera à V. M. les sentimens de mon cœur, pour qu'elle daigne me faire connaître sa souveraine volonté.

Aux pieds de V. M.

RAFAEL MAROTO.

Le 30 D. Carlos publia une seconde proclamation, qui fut suivie d'une autre le lendemain 31. A cette dernière était jointe une proclamation de Maroto ; voici ces trois pièces.

PEUPLES DE LA NAVARRE ET DES PROVINCES BASQUES,

Tandis que l'ennemi envahissait, sans éprouver la plus légère résistance, le territoire de ces Provinces si fidèles ; qu'on abandonnait ces positions d'où une poignée de braves avait, en d'autres temps, chassé avec gloire, non-seulement les révolutionnaires espagnols, mais aussi les légions étrangères leurs alliées ;

que des bruits perfides répandus avec soin fesaient croire que la paix générale était conclue, que la marche de l'ennemi était une de ses conséquences, tandis qu'en réalité c'était l'effet certain de la plus vile lâcheté, ou même celui d'un délit plus grand; étant votre Roi et votre Seigneur par le droit que Dieu a daigné me concéder avec la vie, j'ai accepté la guerre que, sans être mus par autre chose que par votre loyauté, vous avez commencée à l'instant même de la mort de mon frère; guerre entreprise avec une décision sans exemple, et que vous avez soutenue avec un héroïsme qui paraissait fabuleux; guerre qui est non-seulement une guerre de succession, mais encore une guerre de principes. Non-seulement vous avez soutenu par elle mes droits à la couronne, mais aussi ceux que vous avez à l'inviolabilité de la religion sainte et de vos *fueros* vénérés, dont l'existence est incompatible avec celle du gouvernement usurpateur et révolutionnaire.

Ecoutez le chef ennemi, le rebelle Espartero, dans une proclamation datée de Durango le 23 de ce mois, adresser les paroles suivantes à ses soldats: « *L'ennemi déconcerté sera vaincu s'il ne s'en remet pas à notre générosité, en déposant ses armes ou en soutenant par elles la constitution de la monarchie espagnole, le trône légitime d'Isabelle II et la régence de de son auguste mère. Ceux qui le feront seront admis comme des membres d'une même famille, mais en même temps la rebellion sera châtiée comme à Allo et à Dicastillo.* » Faut-il plus de preuves pour montrer ce que deviendraient votre religion, vos lois, vos

fueros et vos coutumes, lors du triomphe de la révolution? Est-ce là cette paix si désirée, et vos sacrifices de six années seront-ils récompensés par la honte de vous rendre sans combattre à la discrétion de l'ennemi? Votre père et votre Roi, je désire autant que vous la paix : reconnaissant de vos sacrifices, je n'ai pas de plus grand désir que de pouvoir les récompenser; mais puis-je souscrire à votre ignominie? Non! Avant d'y consentir, je mourrai avec vous, parce que je ne doute point que votre résolution est de mourir plutôt que de laisser flétrir ainsi votre héroïsme.

Le rebelle Espartero vous montre aujourd'hui ce que vous pouvez espérer s'il obtient la victoire, ce qui est infaillible si vous vous laissez endormir dans une dangereuse sécurité, trompés par ses promesses de paix. J'ai ordonné de publier la correspondance du général Maroto, dans laquelle vous verrez qu'elles n'étaient que trop réelles les propositions indignes qui vous ont induits en erreur, en vous faisant croire à une paix prochaine. Votre héroïsme s'indignera d'une telle tromperie, et de la facilité qu'elle a donnée à l'ennemi pour occuper un pays qu'il ne lui avait jamais été possible de dominer par la force des armes; et tandis qu'animés par vos paroles et par vos exemples, vos fils courront venger votre bonne foi trompée et votre honneur outragé, en chassant les rebelles de votre territoire, confiez-vous pour l'obtenir, ainsi qu'une paix juste et durable, en l'affection et la gratitude de votre Roi.

CARLOS.

Au quartier-royal de Lecumberri, 3o août 1839.

Secrétaireric-d'état du ministère de grâce et justice.

Peuples de Navarre et des Provinces Basques,

Voyez la plus noire trahison déjà consommée, et le traître vous l'annonçant avec une insolente effronterie par la proclamation ci-après. C'est à l'or de l'étranger et au vil prix de la conservation de quelques grades, que vous avez été vendus, et avec vous l'ont été aussi Dieu, votre Roi, votre pays et vos *fueros*. Le traître s'abstient de vous faire connaître les conditions de la vente infâme qu'il appelle traité de paix; mais sachez que ces conditions ne sont autres que celles ci-après, qui ont été stipulées à Bergara avec Espartero dans la nuit du 28 au 29 du présent mois :

« 1.º Conservation des grades et emplois militaires et civils, avec facilité aux officiers de continuer à servir; donnant à ceux qui ne le voudront pas, congé illimité ou retraite, et à ceux qui préféreront passer à l'étranger quatre mois de paye anticipée.

« 2.º Que les volontaires déposent leurs armes dans un repas qui sera donné aux deux armées, et qu'aussitôt on remette à l'ennemi tous les effets de guerre et de bouche.

« 3.º Que les prisonniers suivent le sort des corps auxquels ils appartiennent. »

Pour ce qui concerne les *fueros* de ces provinces, Espartero a déclaré ouvertement que son gouvernement ni lui ne peuvent les conserver; l'unique concession qu'il a faite à cet égard s'est réduite à

promettre d'employer son influence auprès des cortès pour leur conservation.

Avez-vous jamais ouï une semblable perfidie ? Peuples Basco-Navarrais et Volontaires, choisissez entre votre Roi et le traître qui d'une manière aussi vile répond à la confiance que vous aviez mise en lui, entre votre devoir ou votre déshonneur, et enfin entre le gouvernement sage et juste de vos pères, ou celui immoral et désordonné de la constitution de Madrid. Votre décision, la loyauté innée en vous, et votre constance, ne laissent pas de doute sur votre choix ; suivez votre Roi , et vous pouvez être certains que S. M. ne vous abandonnera pas dans vos dangers et dans vos fatigues, jusqu'à ce qu'on ait obtenu une véritable paix, proportionnée aux sacrifices que vous avez faits pendant l'espace de six ans.

Quartier-général de Lecumberri, le 31 août 1839.

Par ordre royal,

Paulino Ramirez de la Piscina.

A la vue de l'infâme conduite de Rafael Maroto, S. M. l'a déclaré traître, passible de toutes les peines que les lois infligent au crime de trahison, et mis hors la loi.

Proclamation de Maroto.

Volontaires et peuples Basques, personne ne s'est montré plus enthousiaste que moi pour soutenir les droits au trône des Espagnes du seigneur D. Carlos Maria Isidro de Bourbon, à l'époque où je me prononçai pour lui; mais personne n'est plus convaincu

que moi, par l'expérience d'une multitude d'événemens, que jamais il ne pourrait faire le bonheur de
ma patrie, unique vœu de mon cœur. Voilà pourquoi, uni de sentimens avec les chefs militaires de
Biscaye, Guipuzcoa, Castille et quelques autres, je
suis convenu, pour mettre un terme à une guerre dé-
solatrice, de faire la paix, la paix si désirée par tous,
ainsi qu'on me l'a fait savoir publiquement et secrètement.

Le manque de ressources pour soutenir la guerre
après tant d'années, et les démonstrations publiques
de haine pour la marche des ministres, m'ont déterminé à faire cette dernière démarche.

Je déclarai au Roi mes pensées et mes propositions
avec la noble franchise qui me caractérise, et lorsque
je devais me promettre un accueil digne d'un prince,
la résolution fut prise, et je fus désigné pour être sacrifié.

Dans une position si critique, mon esprit s'en-
flamma, et les travaux pour arriver au terme de nos
malheurs se multiplièrent. A la fin je suis convenu
avec le général Espartero, autorisé en due forme par
tous les chefs ci-dessus désignés, que la guerre se ter-
minerait dans ces provinces pour toujours, que nous
nous considérerions réciproquement comme frères et
Espagnols, et que les bases de notre traité seraient publiées. Si les autres provinces veulent suivre notre
exemple, et éviter la ruine de leurs pères, de leurs frères et parens, elles seront admises au traité; mais
pour cela il est indispensable qu'elles se montrent de
suite, et abandonnent ceux qui leur conseillent la

continuation d'une guerre qui ne convient pas et qui ne peut se soutenir.

Les hommes ne sont pas de bronze, ni comme les caméléons pour pouvoir se nourrir d'air. La misère est portée à l'extrême dans toute l'armée, après tant de mois sans avoir reçu aucun secours. Les chefs et officiers sont traités plus mal que le soldat ; car celui-ci au moins est vêtu, mais à ceux-là on leur donne seulement une misérable ration, on les voit marcher pieds nus, sans chemise, et souffrant sous tous les rapports les fatigues et les privations d'une guerre si pénible. Si quelques fonds sont venus de l'étranger, vous les avez vus dissipés entre ceux qui les recevaient et qui les maniaient.

Le pays est écrasé par des charges excessives. Personne ne peut suffire à ses propres besoins, et les militaires qui comptaient auparavant sur les secours de leurs familles, partagent aujourd'hui la misère de leurs parens, qui déplorent la générosité d'un sacrifice qui ne leur vaut que la désolation et la mort.

Provincianos ! qu'il soit éternel dans nos cœurs le sentiment de paix et d'union entre les Espagnols ! bannissons pour toujours les rancunes et les ressentimens personnels : ceci vous est conseillé par votre compagnon et général,

RAFAEL MAROTO.

Le même jour 31 août, Maroto passa à Espartero avec 5 bataillons de la division de Castille, 3 bataillons, 4 compagnies et 1 escadron de celle de Guipuzcoa, 8 bataillons de la divi-

sion Biscayenne, et 4 obusiers de 12, signait l'infâme convention de Bergara (6), et livrait son nom à l'exécration du monde entier.

CHAPITRE II.

Iʟ est une opinion assez généralement répandue parmi les personnes qui se sont occupées des affaires d'Espagne : c'est que Maroto, avant son entrée dans les Provinces, au mois de mai 1838, était déjà en relation avec les christinos, et avait formé un plan pour livrer D. Carlos et son armée. Cette opinion devient une certitude lorsqu'on examine la conduite d'Espartero depuis le moment où Maroto parut à la tête de l'armée carliste.

Les mois de mai, juin et juillet 1838, avaient été employés par Espartero à réunir à Logroño, Viana et Puente-la-Reina, près de 3o,ooo hommes. Un parc d'artillerie immense

avait été transporté dans la Ribera, des vivres rassemblés de tous les coins de l'Espagne. Le trésor de Madrid était vide, mais la caisse de l'armée d'Espartero bien garnie.

Les carlistes tremblaient pour Estella; et cependant, lorsque toute l'attention était tournée sur ce point, lorsque chaque jour la presse de Madrid fixait celui de l'attaque, Espartero se met en retraite, et sort de la Navarre sans avoir tiré un seul coup de fusil. Qui pourrait, en présence de ce fait, hésiter à croire que la fuite d'Espartero devant 12 mille carlistes eut un autre objet que celui de donner à Maroto une popularité qui, en lui acquérant de l'influence sur l'armée, l'aidât à mettre son plan à exécution (1)? Observez les manœuvres d'Espartero depuis le mois de juillet 1838 jusqu'en avril 1839 : constamment sur la défensive, il permet à Maroto de se promener d'une extrémité des Provinces à l'autre; il ne bouge pas de Logroño, même lors des événemens du mois de février 1839, quand les meilleurs généraux carlistes sont fusillés, que les ministres et les personnes les plus influentes du parti sont exilés en France; que D. Carlos rend un jour un décret qui déclare Maroto traître, et le lendemain proclame dans un nouveau décret qu'il n'a pas de sujet plus fidèle. Lorsque l'armée carliste plongée dans la stupeur ne

sait à qui obéir, que tout dans les Provinces est désordre et confusion, Espartero, qui aurait pu facilement y pénétrer, qui aurait au moins dû le tenter, Espartero, à l'étonnement de tous les partis, demeure dans sa passive immobilité! C'est qu'il savait que Maroto agissant d'après les instructions des clubs des jovellanistes (2) de Madrid, préparait la totale destruction des carlistes, et qu'il eût été imprudent d'agir avant que tout ne fût prêt pour assurer le succès du plan qui s'exécutait en silence.

Ayant, je crois, prouvé l'accord qui régnait entre Maroto et Espartero, je vais tâcher de suivre le premier dans le dédale de ses manœuvres secrètes, depuis le jour de son entrée dans les Provinces jusqu'à celui de sa désertion à l'ennemi.

Maroto pensa d'abord à s'attacher au parti alors au pouvoir (3); il chercha à s'attirer la faveur du parti navarrais, qui n'était en réalité que celui des royalistes purs. Il se convainquit bientôt de l'inutilité de ses efforts: les ministres, qui connaissaient ses antécédens, ne répondirent pas à ses avances; les généraux navarrais avaient peu de confiance dans sa probité; D. Carlos même ne pouvait oublier qu'il lui avait été pour ainsi dire imposé (4); et tel était son désir de gagner les

bonnes grâces de ceux qui plus tard furent sacrifiés par lui, que les pièces des procès d'Elio et Zaratiégui ayant été remises entre ses mains, il opina pour qu'ils fussent fusillés, et offrit à D. Carlos, qui était à cette époque à Elorrio, de faire exécuter lui-même la sentence à la tête de l'armée.

Rejeté par le parti royaliste, Maroto tourna ses vues d'un autre côté ; il se fit le protecteur des généraux disgraciés, et se plaça à la tête des mécontens. Son premier acte fut d'attacher à sa personne les 1.er et 7.e bataillons de Navarre, qui étaient dévoués à Zaratiégui, qu'ils considéraient comme une victime des intrigues de la cour : ces bataillons, bien nourris, bien payés, suivant presque constamment le général, lui appartinrent bientôt corps et ame, et se disposèrent à le soutenir envers et contre tous.

Maroto entreprit ensuite, avec l'aide de son ami intime le ministre de la guerre Valdespina, d'opérer des changemens dans le personnel des bataillons. A cet effet, près de 350 officiers en service actif furent envoyés dans les dépôts, et remplacés par un nombre égal d'officiers qui pour diverses causes étaient sans emploi, par conséquent ennemis du gouvernement, et disposés à se venger si l'occasion se présentait.

Ainsi appuyé, Maroto se rapprocha d'un parti qui avait grandi dans l'ombre, et s'était considérablement accru depuis quelque temps; il était composé de ceux qui voulaient terminer la guerre par une transaction dont les bases seraient l'abdication de D. Carlos en faveur de son fils aîné, qui deviendrait roi d'Espagne et épouserait la jeune Isabelle, quelques concessions de principes, et enfin qu'aucun des deux partis ne serait regardé comme vaincu.

Maroto leur persuada que, pour arriver à l'exécution de ce projet, il fallait que les commandans des différentes divisions fussent des hommes sûrs, et prêts à le seconder dans tout ce qu'il serait obligé d'entreprendre pour en assurer la réussite. Il commença par chercher à séduire le brigadier Balmaseda, dont il fallait neutraliser l'activité et craindre l'influence, ce brave officier étant très aimé dans l'armée. Maroto échoua dans ses tentatives; Balmaseda demeura ferme dans son devoir, et fut privé de son commandement. Cet acte d'autorité avait un double but, satisfaire la haine que l'échec qu'il venait d'éprouver avait fait naître dans son cœur contre celui qui en était la cause, et voir jusqu'où il pouvait étendre l'exercice de son autorité; car il n'ignorait pas l'attachement de D. Carlos pour Balmaseda (5).

Ce prince, par des raisons que je ne m'arrêterai pas à examiner, au lieu de punir ces actes
arbitraires, ainsi que le lui conseillaient ses ministres, céda. Son silence persuada aux troupes
que Balmaseda était coupable, et que la conduite de Maroto avait son approbation. Ce
triomphe, suivi de quelques autres du même
genre, enhardit Maroto, qui s'affermit dans son
dessein de se débarrasser des chefs Navarrais,
ainsi que de tous ceux qui avaient quelque influence sur le peuple, et possédaient la confiance du prince (6).

Malheureusement pour la cause des vrais
carlistes, la princesse de Beyra, à son arrivée
dans les Provinces le 16 octobre 1838, ap-
porta de fortes préventions contre les ministres et le parti Navarrais. On lui avait dit
qu'ils voulaient éterniser la guerre pour se
maintenir au pouvoir; que dans ce but ils em-
pêchaient D. Carlos de prendre les mesures
qui auraient pu lui concilier les puissances de
l'Europe, en les rassurant sur sa politique fu-
ture; enfin, que par leurs intrigues ils avaient
fait retirer le commandement de l'armée des
mains de son fils D. Sébastien, et s'opposaient
à ce qu'il lui fût confié de nouveau. L'irritation de la Princesse était grande; elle tourna
au profit de Maroto, qui fit adroitement circuler le bruit qu'il était soutenu par elle, et
agissait d'après ses ordres.

La justice oblige de dire de la manière la plus positive, que jamais aucun acte de la Princesse, ni aucune parole émanée d'elle, n'a autorisé à soupçonner qu'elle ait approuvé ou même connu les manœuvres qui ont précédé la trahison de Maroto, et amené la destruction de l'armée carliste dans les provinces du nord. Au contraire, bientôt convaincue des mauvaises intentions du général, elle travailla à lui ôter le commandement. Pourquoi n'a t-elle pas réussi? ceci demeure encore enveloppé d'un voile mystérieux.

C'est vers cette époque que les généraux Francisco Garcia et Sanz ayant acquis la conviction que Maroto était en correspondance secrète avec Espartero; que cette correspondance se suivait par l'intermédiaire d'officiers qui, sous prétexte de désertion ou d'échange, passaient et repassaient d'un camp à l'autre; que plusieurs de ces officiers, entre autres le colonel Paniagua, étaient venus jusqu'au quartier-général de Maroto sans motifs apparens, crurent devoir faire part à D. Carlos de leurs soupçons; mais voyant que leurs plaintes n'étaient pas écoutées, ils demandèrent à se retirer de l'armée, ne doutant pas que Maroto, sachant qu'ils l'avaient pénétré, ne voulût les sacrifier à sa propre sûreté. D. Carlos n'accorda aucune attention à leurs justes réclama-

tions; il leur répondit d'avoir confiance en lui, que personne n'avait le droit de leur ôter leur commandement contre sa volonté, et bien moins celui d'attenter à leur vie. Maroto de son côté tourmentait D. Carlos, demandant un changement de ministère et celui de tous les chefs des diverses divisions de l'armée. D. Carlos, toujours irrésolu, ne satisfesait aucun des deux partis.

Le 5 décembre 1838, les ministres, alarmés de la hardiesse avec laquelle Maroto agissait, prièrent ce prince d'accepter leur démission, ou de remettre le commandement de l'armée en d'autres mains : D. Carlos ne se décida à rien, et tint ses ministres en suspens jusqu'au mois de février. Cinq fois ils lui portèrent leur démission, et toujours ses prières et ses promesses les décidèrent à rester à leur poste. Un jour l'évêque de Léon parlant à D. Carlos, lui dit : « Sire, nous marchons à grands pas vers une révolution; aujourd'hui, il en est encore temps, vous pouvez arrêter le torrent, demain vous serez entraîné par lui. Permettez-moi de supplier Votre Majesté, si les pernicieux conseils de Maroto prévalent, de m'accorder la liberté de me retirer; ne me forcez pas à rester pour être témoin de la ruine de la plus sacrée des causes, et du déshonneur de Votre Majesté. » La réponse de D. Carlos fut telle

que le prélat crut de son devoir de rester au ministère.

Au commencement du mois de février, l'évêque renouvela ses instances auprès de D. Carlos, et finit par lui demander la permission de se retirer en France. « Votre Majesté, lui dit le vénérable prélat, paraît décidée à consommer sa ruine; épargnez, Sire, à vos fidèles et dévoués serviteurs le triste spectacle de la dégradation de la royauté, de la perte de leurs plus chères espérances, et de celle de Votre Majesté. » D. Carlos pria encore l'évêque de demeurer auprès de lui, et de l'aider de ses conseils : « Que faut-il faire? lui dit-il. — Sire, répondit l'évêque, changez vos ministres ou votre général. Nous ne voulons pas forcer Votre Majesté à suivre une politique que nous croyons cependant la seule capable d'assurer son triomphe et la tranquillité du royaume; mais le moment est arrivé pour Votre Majesté de se placer à la tête d'une révolution sanglante, ou de fortifier le pouvoir entre les mains de vos conseillers, en mettant à la tête de l'armée un général qui soit d'accord avec leurs principes. » D. Carlos témoigna à l'évêque sa satisfaction de la politique suivie par ses ministres, qui n'était que la continuation de celle dont les bases avaient été posées par lui en Portugal; il finit par une promesse de

retirer le commandement des mains de Maroto.

Celui-ci, prévenu à temps de ce qui se passait, se présenta le 11 février au quartier-royal, alors à Bergara. Il était accompagné de plusieurs bataillons en qui il avait toute confiance; son intention était fermement arrêtée, il voulait fusiller les ministres et tous ceux qu'il regardait comme des obstacles à l'exécution de ses desseins, et s'emparer de la personne de D. Carlos. Les conseils de ses amis apportèrent des modifications à son plan : on lui fit observer que les généraux Navarrais, en apprenant la mort des ministres, marcheraient contre lui, et délivreraient D. Carlos; qu'il fallait donc, avant de rien entreprendre, se débarrasser de ces dangereux rivaux. Maroto goûta l'avis, se mit rapidement en marche pour Estella, et le 18 les généraux Garcia, Guergué, Sanz, Carmona, l'intendant Uriz (7) et le secrétaire Ibañez (8) avaient cessé d'exister.

De suite après cette horrible exécution Maroto publia la proclamation suivante (9) :

VOLONTAIRES, PEUPLES DU ROYAUME DE NAVARRE ET DES PROVINCES BASQUES,

Cinq ans entiers de sacrifices héroïques, dans lesquels votre sang a été versé par torrens, vos fortunes dissipées et mille autres maux que vous avez soufferts, et qui seront consignés dans l'histoire de votre

admirable résistance, n'ont cependant pas suffi pour satisfaire la cupidité de ces hommes immoraux qui, à l'abri de la protection du Monarque, jouissaient de toutes les douceurs de la vie, et regardaient avec indifférence vos privations, vos fatigues, votre mort même, pourvu qu'ils pussent se reposer dans la mollesse et vivre à vos dépens.

Vous savez tous quel était l'état déplorable de l'armée lorsque j'en pris le commandement et la direction, vous savez aussi les peines que je me suis données pour mériter votre confiance.

Si mes prières au Monarque ont influé de quelque manière en votre faveur pour qu'il vous fût accordé ce qui vous était justement dû, je n'ai cependant pas pu tout obtenir; des spéculations particulières ayant pour but des intérêts privés se sont opposées à mes désirs, et ont éloigné les espérances que j'avais conçues, fondées sur des promesses réitérées par lesquelles on m'avait assuré que la juste considération que vous méritez si bien ne serait jamais oubliée. L'audace de ces hommes malveillans est arrivée à un tel point, qu'ils font hautement circuler des nouvelles dans lesquelles ils vous injurient, disant que bien vêtus et bien payés vous ne faites rien que peser sur les populations.

Ils ont voulu me forcer à vous mener contre les fortifications ennemies, ou à vous sacrifier dans de nouvelles expéditions : et quand ils ont vu la tenace résistance que j'ai opposée à un pareil mépris de vos précieuses vies, ils ont eu recours à la trahison et à des moyens infâmes pour vous séduire; ils ont publié

quantité d'écrits subversifs, ils ont déclamé dans les rues, sur les places, et même dans les lieux saints, répandant leurs idées d'anarchie, de sédition et de sang; enfin, ils ont voulu vous envelopper dans de nouvelles calamités, en récompense de tous vos malheurs passés; les rapports qui justifient de tout cela me sont parvenus à Tolosa, m'ont obligé à changer mon plan, et à me rendre en toute hâte sur ce sol de l'honneur, de la fidélité et de la valeur, pour châtier gravement de tels excès.

Vous tous savez les faits, ils sont notoires; mais vous ignorez que j'ai demandé trois fois au Monarque, par des personnes respectables qui sont près de moi, de me permettre de quitter un commandement que je n'avais pas sollicité, mais qu'une fois accepté je ne laisserais pas avilir. J'ai vu votre constance, je connnais vos souffrances; et reconnaissant de la réputation fraternelle que j'ai méritée de vous, je mourrai au milieu de vous; mais je ne souffrirai pas plus long-temps le triomphe de la ruse, de la cupidité et de la mauvaise foi.

Ceux qui provoquaient une sédition militaire ont été arrêtés, et j'ai fait exécuter sur eux un châtiment exemplaire, qui mettra, j'espère, un frein à des machinations qui rendraient vos travaux interminables, peut-être même inutiles, vous causant les plus grands malheurs. La rigueur des peines qu'imposent les lois militaires vient de se faire sentir, je serai inexorable pour les appliquer à tous ceux qui oubliant leurs devoirs sacrés en dépasseront les limites.

Lorsque le premier germe révolutionnaire que l'on

a répandu parmi vous sera dissipé, je présenterai moi-même la justification légale, que j'établirai avec le conseiller de guerre auditeur-général de l'armée (10), à qui je remettrai les preuves qui sont déjà en mon pouvoir (11).

Volontaires et nobles enfans de ce royaume et des Provinces Basques, vive le Roi! vive la subordination! Que notre devise soit : La religion ou la mort, et la restauration de nos anciennes lois. Pour ces principes nous sommes décidés à mourir tous. Chassons d'au milieu de nous les ambitieux qui ne coopèreront pas d'une manière efficace au triomphe de la cause que nous défendons, et pour laquelle vous voyez vos pères et vos villages couverts de deuil et de misère.

Estella, 18 février 1839.

Le chef d'état-major général,

Rafael Maroto.

Le 20 Maroto adressa une lettre à D. Carlos, et en fit publier la copie; elle est conçue dans les termes suivans :

Estella, le 20 février 1839.

Sire,

L'indifférence avec laquelle Votre Majesté a écouté mes plaintes pour le bien de votre juste cause, depuis que j'ai eu l'honneur de me mettre à vos pieds royaux pour sa défense dans le royaume de Portugal, et surtout depuis mes contestations avec le général Moreno, qui avait voulu obscurcir les servi-

ces que j'avais rendus dans la bataille soutenue contre le rebelle Espartero sur les hauteurs d'Arrigorriaga, et dans laquelle la guerre aurait dû se terminer, puisque l'ennemi ne comptait alors que sur le reste de bien peu de forces, qui auraient succombé après la reddition de Bilbao, qui ne pouvait manquer d'avoir lieu; l'armée et la division anglaise qui y étaient enfermées n'ayant pas de vivres pour huit jours, et le chef ennemi étant blessé. J'avais la certitude que pas un seul homme ne pouvait échapper; par conséquent la marche de Votre Majesté sur Madrid ne rencontrait plus d'obstacles, et l'on évitait par l'occupation de la capitale les ruisseaux de sang qui ont coulé depuis. Tout ceci m'a mis dans la dure nécessité, non de manquer à V. M., comme mes ennemis personnels, ou pour mieux dire ceux de la cause de Votre Majesté, ont cherché à le faire croire, mais d'adopter quelques mesures qui assurent l'ordre à l'avenir, la soumission, la discipline militaire, et le respect que les autres classes de personnes doivent me porter à raison de l'emploi que j'exerce, et auquel je suis arrivé avec honneur, en servant constamment et utilement ma patrie et mon roi.

Sire, j'ai fait fusiller les généraux Guergué, Garcia, Sanz, le brigadier Carmona, l'intendant Uriz; et je suis résolu, ayant acquis la preuve d'un attentat séditieux, d'en agir de même avec plusieurs autres que je ferai arrêter sans considérations de *fueros* ou de distinctions, parce que je suis persuadé qu'en agissant ainsi j'assure le triomphe de la cause que j'ai promis de défendre, et qui n'est pas la cause de

Votre Majesté seulement, *mais celle de plusieurs milliers de personnes qui seraient victimes si elle succombait.* Mes résolutions sont appuyées aujourd'hui par la volonté générale de l'armée et des peuples, fatigués de souffrir la marche tortueuse et vénale de tous ceux qui ont tenu le timon de ce navire, heureux maintenant, car il aperçoit déjà le port du salut.

Qu'une fois au moins, mon Roi et Seigneur, la voix d'un vassal fidèle arrive jusqu'au cœur de Votre Majesté, lui fasse écouter et suivre le langage de la raison, ne fût-ce que parce qu'il faut que cela soit ainsi; étant sûr, comme vous devez l'être, que le résultat vous montrera la fausseté et les vues particulières de tous ceux qui ont pu jusqu'à ce jour vous conseiller.

Sire, la mesure la plus noble, la plus simple et la plus infaillible pour tout concilier, est entre les mains de Votre Majesté, qui n'ignore pas les germes de discorde qui sont répandus par certaines personnes dans ce quartier-royal : que Votre Majesté les fasse partir de suite pour la France, et la paix, l'harmonie et la joie règneront parmi tous vos vassaux. Dans le cas contraire, Sire, lorsque les passions arrivent à une certain degré de chaleur, les événemens se multiplient, les malheurs se succèdent, car j'appelle malheur la nécesité de procéder contre la vie de ses semblables.

Je m'étais décidé à me retirer auprès de mes enfans, parce que moi, Sire, je ne suis pas venu servir Votre Majesté pour acquérir de la fortune ni de la réputation; mais à présent je ne puis plus le faire,

mon existence étant consacrée au bien-être et à la fé-
licité des peuples et de l'armée qui appartient à ces
Provinces. Je prie donc Votre Majesté de nouveau de
vouloir bien se prêter à ce que tout le monde désire,
et qui peut-être rapprochera le terme d'une guerre
qui inonde le sol espagnol de sang innocent, versé
par le caprice et la férocité de quelques ambitieux.

J'ai désigné à Votre Majesté, en diverses occasions,
les personnes qui par leurs actions se sont attiré la
haine générale; et très près de Votre Majesté il en est
d'autres qui jouissent d'une bonne opinion, non pas
seulement parmi nous : que Votre Majesté les appelle
à ses côtés pour la direction et le conseil dans les
affaires qui nous agitent, surtout maintenant; et Votre Majesté se convaincra d'avoir fait une démarche
aussi sage que prudente.

Votre Majesté n'ignore pas que des chefs distingués
sont ensevelis depuis des années dans des prisons ri-
goureuses; la plus noire intrigue a pu seule les présenter à Votre Majesté comme des criminels, et c'est
pourtant à ce titre qu'ils ont été mis en cause. L'Europe entière s'étonne de voir l'obscurité que la malice a répandue sur ce procès : Votre Majesté doit
savoir qu'il y a une obstination singulière à soutenir
ce qui a été avancé dans le décret royal qui a été lancé
lors du retour de Votre Majesté dans les Provinces,
et que l'on vous fit signer (12). Votre Majesté n'a pas
sans doute oublié tout ce que j'ai dit à ce sujet au
secrétaire D. José Arias Teijeiro, pour venir à bout
de connaître l'auteur d'un si grand compromis. Je
dois conserver ma réputation et justifier ma conduite

à la face du monde entier qui m'observe; et par conséquent Votre Majesté me permettra de donner au public, par le moyen de la presse, cette respectueuse manifestation de mes sentimens, ainsi que je le ferai à l'avenir pour tout ce qui aura rapport à de semblables affaires.

Dieu garde à la personne royale de Votre Majesté de longues années, pour le bien de ses vassaux.

Son vassal et général,

RAFAEL MAROTO.

Ce fut le 19 que D. Carlos apprit les assassinats commis à Estella sur ses généraux les plus fidèles, ses plus fermes appuis. Son chagrin et celui de la Princesse fut si grand, que les gens du palais s'en alarmèrent : les ministres en corps se rendirent auprès du Prince, et le supplièrent de partir de suite pour se mettre à la tête de l'armée ; ils le conjurèrent de prendre une résolution digne de lui et de ses braves défenseurs. D. Carlos écouta tout, mais ne répondit rien. La journée du 19 et celle du 20 s'écoulèrent sans qu'il eût pris aucune détermination. Le 21 il sembla se réveiller de sa léthargie, et, voulant faire ce qui aurait dû l'être dès le 19, il dicta à M. Teijeiro la proclamation suivante :

VOLONTAIRES, FIDÈLES BASQUES ET NAVARRAIS,

Le général Maroto, abusant avec la plus grande perfidie de la confiance que je lui avais accordée,

et de la bienveillance avec laquelle je l'ai traité mal-gré sa conduite précédente, a tourné contre vous les armes que je lui avais confiées pour détruire les en-nemis de l'autel et du trône. Après avoir trompé le peuple par les calomnies les plus grossières, alarmé les habitans, excité l'armée à l'insubordination et à l'anarchie par ses actes séditieux, il vient enfin de faire fusiller sans jugement plusieurs généraux et autres personnes qui s'étaient couvertes de lauriers, et dont la fidélité et le patriotisme étaient bien connus de tous, remplissant mon cœur paternel de trouble et de chagrin. Pour arriver à l'exécution de ses projets il a dit qu'il agissait avec ma royale approbation, sachant que c'était le seul moyen de se faire obéir de vous; mais il ne me l'a pas demandée, parce qu'il savait qu'il ne l'obtiendrait jamais pour aucun acte arbi-traire, et bien moins pour commettre les crimes les plus horribles.

Vous connaissez mes principes, vous avez vu mes travaux constans pour assurer votre bonheur, et pour amener le terme des maux qui vous affligent.

Maroto a foulé aux pieds le respect dû à son sou-verain, et ses devoirs les plus sacrés; *il a sacrifié de la manière la plus lâche ceux qui étaient nos plus fermes boulevards contre la révolution usurpatrice, pour vous rendre des proies plus faciles à livrer à l'ennemi.* Je lui ai retiré le commandement de l'armée, et je le dé-clare traître, ainsi que tous ceux qui après avoir reçu cette déclaration, à laquelle j'entends que la plus grande publicité soit donnée, obéiraient à ses or-dres ou lui prêteraient aide et secours. Tous les chefs,

les autorités, et même chaque individu, sont autorisés à le traiter comme traître, s'il ne vient pas de suite à mon quartier-royal, pour rendre compte de sa conduite selon les lois.

J'ai pris les mesures nécessaires pour déjouer ce dernier effort de la révolution, *laquelle se voyant près de succomber, et convaincue de son impuissance, a placé ses espérances de succès dans la trahison.* Mais pour l'exécution de mes desseins j'ai besoin de l'appui de mon héroïque armée et de mon peuple bien aimé; et j'ai la ferme conviction que parmi vous il n'en est pas un seul qui, en entendant ma voix et en apprenant ma volonté, se montre indigne d'appartenir à ces héroïques Provinces, de la cause juste et sacrée que nous défendons, et de marcher dans ces rangs à la tête desquels je me glorifie d'être placé, pour, avec l'aide du Tout-Puissant, sauver le trône des mains de ses ennemis, ou pour mourir au milieu de vous.

Quartier-royal de Bergara, le 21 février 1839.

CARLOS.

Le brouillon de cette proclamation fut soumis à D. Carlos, qui, après l'avoir lu, l'approuva; et tel était le désir des ministres que cet acte, aussi important que nécessaire, fût le résultat d'une ferme résolution de la part de ce Prince, qu'au moment de l'impression le premier exemplaire lui fut soumis : D. Carlos le corrigea de sa propre main, et recommanda à M. Teijeiro de lui donner la plus grande publicité.

Aussitôt après la publication de la proclamation, un conseil fut assemblé dans le palais auquel assista le prince des Asturies. La majorité des membres du conseil était d'avis que D. Carlos allât se mettre à la tête de l'armée, et fît de suite procéder à l'arrestation de Maroto; la minorité opina pour que D. Carlos se retirât sur Ségura, de là à Alsasua, et enfin sur Estella, pour gagner du temps, et éviter ainsi toute réunion avec Maroto, afin de prouver aux troupes qu'il était fermement décidé à mettre sa proclamation à exécution. Malheureusement l'avis de la minorité fut adopté. Dans ce conseil le prince des Asturies montra une énergie digne de sa naissance : « Sire, dit-il à D. Carlos, que V. M. me permette de me rendre à l'armée, je lirai la proclamation de V. M. aux braves volontaires, seul je me présenterai à vos fidèles défenseurs, et je ferai arrêter le général Maroto. Ne me refusez pas, car je suis sûr du succès. » D. Carlos refusa. Quelques heures plus tard un second conseil se réunit, auquel assista le brigadier Balmaseda, que D. Carlos avait envoyé chercher dans le château de Guevara, où il était détenu. Balmaseda promit de s'emparer de Maroto mort ou vif : même refus de la part de D. Carlos. Enfin, dans un troisième conseil, il fut résolu d'appeler Villaréal, auquel on donnerait le

commandement des 4 bataillons qui étaient à Alsasua : le prince des Asturies devait prendre celui de l'armée. Mais lorsque le duc de Grenade de Ega, qui avait été nommé ministre de la guerre en remplacement du marquis de Valdespina, présenta le décret à D. Carlos, il refusa de le signer, disant qu'il avait réfléchi que le Prince était trop jeune pour occuper un poste aussi important. Villaréal dit qu'il ne consentirait à accepter de l'emploi que si Urbistondo, Simon Latorre et Guibelalde étaient remis en activité. Ceci lui fut accordé, et les troupes destinées à protéger Tolosa confiées à Urbistondo, qui vint recevoir ses instructions ; elles lui enjoignaient d'empêcher à tout prix Maroto de pénétrer dans la ville de Tolosa.

Le 23 le quartier-royal était à Villafranca, on fesait les préparatifs du départ pour Ségura. A huit heures et demie du soir le cheval de D. Carlos était sellé à la porte du palais, ses ministres et une partie de sa maison déjà en route pour Ségura, ainsi que la moitié de la garde royale, lorsqu'au moment où D. Carlos allait monter à cheval le comte de Négri se présenta aux portes du palais, et malgré l'opposition de la garde royale, qui offrit à D. Carlos de mourir en combattant pour sa défense, Négri entra et obtint d'être reçu en audience

secrète par D. Carlos. A peine avait-il quitté le palais, qu'Urbistondo (13) y arriva : il déclara à D. Carlos que Maroto venait d'entrer à Tolosa ; que, loin de s'opposer à son entrée dans cette ville, il s'était réuni à lui ainsi que les troupes sous ses ordres. La position de D. Carlos devenait bien difficile, il se décida à demeurer à Villafranca.

D. Juan Echeverria attendait les ordres de D. Carlos, qu'il accompagnait dans tous ses voyages. Il s'était mis sur son lit lorsqu'on vint lui dire ce qui se passait, et lui annoncer que le départ n'avait pas lieu ; il se rendit dans l'appartement de ce prince, et lui demanda la permission de le quitter, pour mettre sa vie en sûreté. D. Carlos le pria de ne pas l'abandonner dans ce moment : « Votre Majesté peut-elle me protéger ? lui demanda D. Juan. — Je demanderai grâce pour vous, répondit D. Carlos. — Non, Sire, je ne souffrirai pas que Votre Majesté s'humilie à ce point devant un de ses sujets. Permettez-moi de vous quitter. — Où irez-vous que l'on ne vous arrête ? objecta encore D. Carlos. — Que Votre Majesté se rassure, lui dit D. Juan, je saurai me défendre ; on ne m'atteindrait que si je le voulais bien. »

M. Teijeiro, ainsi que les autres ministres, passèrent une nuit cruelle à Ségura. Au point

du jour (le 24) M. Teijeiro revint à Villafranca. En arrivant il se rendit au palais, et fit demander une audience à D. Carlos; il l'obtint malgré les obstacles que lui suscitèrent les personnes qui entouraient ce prince. D. Carlos était encore au lit, il se leva pour recevoir M. Teijeiro; il était 7 heures et demie du matin. Lorsque le ministre lui demanda pourquoi il n'était pas venu à Ségura comme il avait été convenu, D. Carlos lui fit cette laconique réponse : « Tout est fini, j'ai consenti à tout ce que l'on a exigé de moi : sauvez-vous, car je ne puis vous protéger. » D. Carlos était très ému; en se séparant de M. Teijeiro il le serra dans ses bras, et lui dit : « Mes actes sont le fruit de la violence, je vous en donne l'assurance. Informez Cabrera et le comte d'Espagne de tout ce qui s'est passé ici ; dites-leur que je ne suis plus libre, et si vous pouvez aller les rejoindre cela vaudra encore mieux. »

Ce même jour D. Carlos signa la proclamation suivante; cette pièce est l'ouvrage de M. Arizaga, auditeur général de l'armée, et l'ame damnée de Maroto. Les termes dans lesquels elle est conçue ayant blessé D. Carlos, il fit quelques objections, mais Arizaga lui dit : « Le général m'a défendu de laisser changer un seul mot. » D. Carlos signa.

PROCLAMATION.

Constamment animé des principes de justice et de rectitude que j'ai consignés dans tous les actes de ma souveraineté, j'ai été très surpris lorsqu'après de nouvelles et loyales informations j'ai vu et reconnu que le lieutenant-général chef d'état-major général D. Rafael Maroto a agi dans la plénitude de ses attributions, et guidé par les sentimens d'amour et de fidélité pour ma juste cause dont il a donné tant de preuves. Je suis justement persuadé que des bruits sinistres, basés sur de fausses suppositions, s'ils n'étaient pas le fruit d'une malice criminelle, ont pu présenter à ma royale confiance des faits exagérés dans des intentions malignes : je ne dois pas permettre qu'ils circulent plus long-temps sans la réparation due à son honneur entaché.

J'approuve les mesures prises par ce général, et je veux qu'il continue comme auparavant à la tête de ma vaillante armée, espérant de sa grande loyauté et de son patriotisme que s'il est vrai qu'il a dû se ressentir de ma déclaration offensante, les effets doivent cesser par l'assurance que je lui donne qu'il a recouvré mes bonnes grâces royales, et que sa réputation injuriée se trouve rétablie.

A cet effet, je veux que tous les exemplaires du manifeste publié soient recueillis et brûlés, et qu'en son lieu et place on imprime et fasse circuler cette expression de ma souveraine volonté; qu'elle soit mise à l'ordre du jour de l'armée, et lue à la tête des bataillons pendant trois jours consécutifs. Vous l'au-

rez pour entendu, et le communiquerez à qui de droit.

Quartier-royal de Villafranca, le 24 février 1839.

CARLOS (14).

Le 25 Maroto se rendit à Villafranca, accompagné de plusieurs bataillons dévoués à sa personne et de l'escadron de Carrion. Cette cavalerie vint à la porte du palais, et s'y rangea en bataille : les carabines étaient chargées. Maroto monta dans l'antichambre, il rencontra Villavicencio, et s'appuyant des deux mains sur la poignée de son épée, dont la pointe reposait par terre, « Ceci est bien maintenant, lui dit-il, on peut venir au palais, on ne risque plus d'y rencontrer toute cette canaille. » Admis en présence de D. Carlos, Maroto lui demanda d'une manière impérative la tête de l'évêque de Léon et celles d'Arias Teijeiro, de Lamas Pardo, de Celestino Celis, et de Diego Miguel Garcia ; il était si résolu à les faire fusiller, qu'il avait la veille chargé Urbistondo de dire à D. Carlos, que dût-il les cacher sous la semelle de son soulier, il viendrait les en arracher. D. Carlos cependant se refusa à satisfaire à cette barbare exigence. Maroto n'osa insister davantage, et l'exil fut décidé (15).

Le 27 D. Carlos quitta Villafranca, et vint à Tolosa. Le jour suivant Maroto se mit en mar-

che, pour la Biscaye, avec 4 bataillons d'infanterie et 2 escadrons de cavalerie.

Maroto dès lors fut maître dans les Provinces : aidé par le ministre de la guerre le brigadier Montenegro, il entreprit la réorganisation de l'armée; Elio reçut le commandement de la Navarre, Simon Latorre celui de Biscaye, Alzàa fut confirmé dans celui de l'Alava, et Iturriaga dans celui du Guipuzcoa. Les bataillons castillans furent mis sous les ordres d'Urbistondo; Villaréal nommé aide-de-camp de D. Carlos, et Zaratiégui attaché à l'état-major général. Par ces nominations, toute l'armée était à la disposition de Maroto, et il devenait impossible à D. Carlos de rien faire sans qu'il en eût connaissance.

Ces changemens effectués dans le commandement de l'armée, le ministre de la guerre rendit un ordre par lequel il était enjoint à Zorrilla, baron de Juras Reales, Otal y Villela, conseillers de Castille, Arpe, corregidor de Biscaye, et Piedra, corregidor de l'île de Léon, d'examiner les pièces des procès intentés à Elio et Zaratiégui. Les annales de l'histoire n'offrent aucun exemple d'une déception semblable à celle de cette prétendue enquête judiciaire : deux de ces magistrats avaient déjà pris connaissance du procès à l'époque où les généraux avaient été mis en jugement, tous les

deux les avaient déclarés coupables; maintenant on leur demandait un nouvel avis sur les procès, et les accusés non-seulement étaient en liberté, mais venaient d'être mis à la tête de l'armée. Pour rendre ce simulacre de justice encore plus ridicule, ce fut un aide-de-camp d'Elio qui vint leur porter à chacun séparément les pièces des procès, en les priant de la part de son général d'expédier l'affaire le plus promptement possible.

A son arrivée en Biscaye, Maroto marcha résolument vers le but qu'il s'était proposé depuis long-temps, de livrer D. Carlos et son armée aux christinos. Sa correspondance avec Espartero reçut un surcroît d'activité, et ses demandes furent exorbitantes : les réponses d'Espartero, d'abord évasives, devinrent moins satisfesantes dès que par la prise de Ramalès et autres points il se fut avancé en Biscaye. Maroto effrayé s'adressa à lord John Hay, pour le prier de lui obtenir des promesses positives d'Espartero, et s'il était possible la garantie de l'Angleterre. Lord John Hay y consentit, et s'étant entendu avec Espartero, il expédia un officier porteur de dépêches à lord Palmerston. Ce ministre fut si enchanté des propositions faites par Maroto pour trahir son maître, que dans sa joie il oublia sa circonspection accoutumée, et fit part de ses espérances : son con-

fident fut probablement indiscret, puisqu'un ami de D. Carlos reçut la lettre suivante :

Londres, le 29 Mai 1839.

Mon cher ami,

Je pense que vous êtes au courant de tout ce qui se passe, ainsi que de la trahison de Maroto, qui pour le vil intérêt d'une somme d'argent et la promesse de la capitainerie-générale de la Havane, a vendu son Roi, sa patrie et ses frères.

Des rapports que reçoit ce gouvernement du colonel Lacy, commissaire anglais au quartier-général d'Espartero, et *que j'ai vus*, il résulte que le Roi va se trouver bientôt dans la même situation que D. Miguel lors du traité d'Evora-Monte.

Il paraît que le gouvernement espagnol voulait renfermer D. Carlos dans Iviza; mais le ministère anglais, plus généreux, a passé des notes demandant qu'il lui soit permis de fixer sa résidence en Italie.

A l'heure qu'il est toutes les lignes doivent être attaquées pour resserrer le terrain, et rendre plus facile l'exécution du plan convenu. J'ai prévenu le gouvernement du Roi de tout cela, j'ai même envoyé des documens justificatifs par diverses voies; mais M. Ramirez de la Piscina s'est entendu avec le M. de L. pour que toute ma correspondance lui soit remise. Rien n'arrive jusqu'au Roi, qui ignore tout-à-fait le sort qui lui est réservé; cependant il n'y aurait plus d'autre moyen de salut que la fuite de S. M. ou du prince auprès des comtes d'Espagne ou de Morella. Lorsque les Provinces seront occupées et le

Roi livré, Espartero doit se rendre en Aragon avec une armée de 8o,ooo hommes, pour détruire le comte de Morella et ensuite le comte d'Espagne. Il n'y a plus que Dieu qui puisse nous sauver, ayons confiance en lui; mais il faudrait un miracle pour faire échouer les plans de l'archevêque de Tolède et du capitaine-général de la Havane (vous savez sans doute que ces dignités ont été promises au père Cyrille et à Maroto), et autres associés marotistes, qui ont bien mérité de subir le même sort que Quesada.

J'ai reçu des lettres du quartier-royal du 17, elles sont affligeantes. Leurs Majestés et Altesses Royales sont captives, désespérées, et n'ont pas un sou.

Le père Cyrille a fait venir Tastet au quartier-royal pour contracter un emprunt, mais je ne crois pas que l'on puisse rien faire avec lui; il est aussi fin que S. Exc.; et quoiqu'il ne soit pas moine, il est plus habile que l'autre ne le pense.

Manuel Aznares est parti pour Paris, il est allé se mettre à la tête de la junte.

Le décret qui a été rendu pour la remise des biens des christinos est l'œuvre du père Cyrille; il l'avait rédigé ici, et c'était une des premières mesures qui devaient être mises à exécution aussitôt son entrée au pouvoir. Son ami Chacon, ministre de la marine pour le gouvernement christino, est tombé : ceci est très heureux pour nous.

Zea-Bermudez est ici, il est mieux informé que nous de ce qui se passe au quartier-royal; il déteste Maroto à cause de toutes ses infamies.

Il y a mille autres choses que je pourrais vous dire, mais je présume que vous les savez.　　　R. S.

A l'époque où cette lettre fut écrite, les royalistes exilés en reçurent une autre très importante, qui les décida à publier de suite la proclamation suivante :

VOLONTAIRES DE CHARLES V, ET PEUPLES BASCO-NAVARRAIS,

L'homme de malédiction, l'impie Maroto, a consommé son œuvre d'iniquité ; il a vendu aux christinos l'armée, le peuple, vos *fueros* vénérés ; il a aussi vendu aux Anglais votre vertueux Roi, il leur a promis de le livrer à Saint-Sébastien.

Un hasard heureux a révélé le détestable projet de l'infâme Maroto.

On a intercepté en France la correspondance du traître, et c'est là qu'on a fait l'épouvantable découverte de la vente sacrilége que le misérable à faite de sa patrie et de son Roi.

Cette proclamation produisit une grande sensation ; mais telle était la terreur répandue par Maroto, que personne n'osait se plaindre, bien moins discuter publiquement ses actes. Sa puissance était considérablement augmentée par l'appui que lui accordait le parti des transactionnistes : car ceux-ci croyant qu'il travaillait dans leur intérêt, firent les plus grands efforts pour le maintenir à son poste, ils formèrent des juntes sur divers points du pays, leurs

principaux agents Madrazo et Orejon allaient et venaient de Bayonne à Paris, et delà dans les Provinces, les correspondances secrètes étaient très actives. Les membres de ces juntes prétendent que leur but était légitime : les peuples étant fatigués et désirant la paix, le seul moyen de l'obtenir était l'abdication de D. Carlos en faveur de son fils, et un mariage entre ce fils et la jeune Isabelle. Mais ils protestent hautement contre toute intention de faire abandon de leurs principes; ils se plaignent amèrement de Maroto, qui les a, disent-ils, trompés jusqu'au dernier moment. Charitablement on doit croire à leur sincérité, mais il est à craindre que l'histoire ne se montre plus sévère à leur égard.

Les royalistes exilés, effrayés sur le sort de la cause à laquelle ils avaient sacrifié leurs fortunes et leurs familles; craignant aussi pour la sûreté personnelle de D. Carlos, prirent des mesures pour faire arriver à la connaissance de ce Prince le danger de sa situation. A cet effet ils publièrent plusieurs documens, desquels j'extrais le suivant, adressé à la population des provinces Basques.

Volontaires et Peuples Basco-Navarrais, ,

Maroto est prêt à consommer votre ruine; il livre toutes vos places fortes, il va imiter la conduite des

généraux portugais à Evora-Monte. Comme D. Miguel, Charles V sera livré à ses ennemis.

Ne croyez pas aux bruits que l'on répand de l'entrée de 5o,ooo français qui viennent pour soutenir
Maroto ; c'est un mensonge qui n'a d'autre objet que
de vous endormir dans une sécurité trompeuse, pour
avoir le temps de consommer le crime.

Maroto est abandonné des puissances du Nord, et
le gouvernement Français prépare une escadre pour
bloquer vos ports.

Volontaires et peuples, aux armes! Sauvez votre
Roi, et avec lui vos personnes et vos *fueros*.

Vive la Religion! vive le Roi!

19 juin 1839.

De suite après l'ouverture de la campagne
de Ramalès, Maroto écrivit à D. Carlos pour lui
demander sa nomination au commandement
en chef de toutes les armées carlistes. A l'appui
de cette demande, il disait qu'étant sur le point
de mettre à exécution un vaste plan qu'il avait
long-temps médité, il devenait indispensable
que les comtes d'Espagne et de Morella fussent sous ses ordres, leur coopération lui étant
nécessaire. D. Carlos soumit cette étrange demande au conseil suprême de la guerre, pour
qu'il l'examinât et fît son rapport. Ce conseil
était composé des généraux Eguia, Lardizabal,
Saraza, Cabañas, le comte del Prado, et des
magistrats, Lorenzo, Mozo, Arizaga, Ventos,

Frias et Maruri, du fiscal civil M. Eyaralar, et du fiscal militaire le brigadier Estrau.

Le conseil s'étant assemblé, un violent débat s'engagea : la demande de Maroto était fortement appuyée par Eguia, Saraza, le comte del Prado et Arizaga ; mais la majorité s'étant déclarée contraire, elle fut rejetée.

M. Eyaralar, en appuyant le rejet de la demande, basa son opinion sur l'impossibilité de mettre un ancien militaire comme le comte d'Espagne sous les ordres de Maroto ; ajoutant que lui et Cabrera, qui avaient rendu de si éminens services à la cause carliste, ne consentiraient jamais à voir Maroto généralissime, et à lui obéir.

Dans les premiers jours du mois de juillet, Espartero envoya à Maroto un journal de Madrid contenant des lettres interceptées datées du camp de Cabrera, écrites par M. Arias Teijeiro, et envoyées à D. Carlos sous couvert de M. Marco del Pont, ministre des finances. La colère de Maroto fut terrible, et avec peine ses amis purent l'empêcher de se porter sur le quartier-royal pour assouvir sa rage sur D. Carlos lui-même. Ils représentèrent que sa précipitation allait faire échouer un plan si bien conçu, à la réussite duquel on travaillait depuis si long-temps, et qui devait avoir de si bons résultats pour eux. Maroto calmé écrivit

à M. Marco del Pont qu'il savait qu'il était en correspondance avec les exilés à Bayonne, que cette conduite pouvait attirer sur lui de grands malheurs, et mettre sa tête et celle de D. Carlos en danger; mais que sa générosité à lui (Maroto) était telle qu'il l'en prévenait, afin qu'il quittât le quartier-royal, et qu'il eût soin de n'y plus remettre les pieds.

M. Marco del Pont montra cette lettre à D. Carlos; cependant, cédant aux instances de ce Prince, il consentit à rester auprès de lui. Lorsque Maroto apprit que M. Marco del Pont avait désobéi à ses ordres, il résolut de le faire assassiner. Celui-ci, prévenu à temps de cette criminelle intention, dont l'exécution devait être favorisée par un officier général occupant un emploi important à Oñate, où était alors le quartier-royal, crut devoir se mettre à l'abri de la vengeance de Maroto; et quittant Oñate il se retira dans un lieu sûr, où il resta jusqu'après la désertion de Maroto : alors il fut rappelé par D. Carlos. De sa retraite M. Marco del Pont, pour mieux tromper Maroto, écrivit à un M. Beotas, employé au ministère des finances, qui était au quartier-général. Cette lettre était datée de Saint-Jean-de-Luz : cette circonstance donna lieu aux bruits qui coururent que M. Marco del Pont s'était sauvé en France, et par ce moyen il échappa au fer des assassins.

Le 18 juillet Maroto envoya à Montenegro, pour qu'il y apposât sa signature, l'ordre royal suivant, adressé à lui-même.

Dans cette pièce Maroto accuse les exilés royalistes d'agir dans l'intérêt des christinos; il a l'audace de dire, après avoir livré à Espartero une partie des Provinces, « *que la révolution épuise les moyens les plus exécrables pour retarder sa chute!!!* »

Ce document est un modèle de duplicité et d'effronterie trop curieux pour omettre sa publication.

ORDRE ROYAL transmis par le ministre de la guerre au chef d'état-major général de l'armée.

Très excellent Seigneur,

A mesure que s'approche le terme fixé par la Providence pour la cessation de la lutte fratricide actuelle, la révolution épuise les moyens les plus exécrables pour retarder sa chute, mettant en jeu d'infernales manœuvres, fesant introduire la désunion parmi les vaillans et fidèles défenseurs de la juste cause; pendant que ses bataillons, attérés par les intrépides efforts des héroïques volontaires, ne sortent uniquement de leurs repaires que pour détruire, par la torche incendiaire, les fortunes des pacifiques habitans; semant partout où peut atteindre son tyrannique pouvoir la ruine et la désolation, et fuyant lâchement au moment où ils sont découverts; essayant d'un autre côté les viles armes de l'intrigue,

mettant à profit les mesquines passions et les igno-
bles désirs de quelques apostats des principes mo-
narchiques, expulsés de ces Provinces à cause de leur
ambition criminelle et de leurs excès, et qui, s'ils n'a-
gissent peut-être d'intelligence avec la révolution,
comme cela paraît probable, la servent du moins avec
la plus grande utilité par leurs infâmes trames, ourdies dans le but de reprendre dans le gouvernement
une influence qu'ils n'obtiendront jamais ; car la justice du souverain est de plus en plus convaincue de
la périlleuse direction que ces faux royalistes donnaient aux affaires de l'état, de même que des mesures arbitraires, couvertes du masque d'une loyauté
à toute épreuve, à l'aide desquelles ils soutenaient
leur toute-puissance.

Désespérés de leur séparation bien méritée d'auprès
du monarque dès qu'il les a connus, ils jettent le
masque hypocrite de leur feinte adhésion à la cause
légitime ; et pour tâcher de la détruire au moyen d'un
autre plan, ils envoient un de leurs coryphées, doué
de sagacité en même temps que plein d'ambition,
auprès d'un jeune général couvert de récens lauriers ; et, profitant de son ardent enthousiasme et de
son amour passionné pour son roi, ils lui peignent celui-ci privé de sa liberté et entouré d'ennemis qui,
abusant de son royal nom, dictent des mesures propres à détruire sourdement le trône, afin que cet héroïque guerrier, ainsi persuadé de cette intrigue, re-
fuse d'écouter la voix légitime de son souverain, lorsqu'elle lui sera transmise par des organes qu'on suppose infidèles. Ils seront déçus dans cette unique es-

pérance comme dans les antérieures; car dès que la vérité parviendra à dissiper dans le cœur de ce chef les ombres de l'imposture, il sera le premier à les détester et à s'occuper de leur châtiment, qui n'est pas éloigné, unissant ses efforts comme il l'a fait jusqu'ici à ceux de V. Exc. et de ses plus vaillans soldats, pour terminer la lutte.

Nous avons sous les yeux plusieurs exemples qui confirment la vérité.

Les lettres d'un expulsé et du général Cabrera circulent dans les journaux révolutionnaires; et tout ce qu'elles contiennent n'étant qu'un tissu de tracasseries et de faussetés, elles n'ont d'autre objet que celui d'introduire dans cette vaillante armée la défiance et le manque d'union indispensable pour le triomphe.

En outre, ils ont répandu des nouvelles relatives à la direction qui aurait été donnée à des fonds qu'ils supposaient existans et destinés à nos loyaux défenseurs; et finalement, dans ce qu'ils ont fait circuler, ils se sont servis d'expressions tendantes à déprimer et avilir l'autorité royale, et diffamatoires pour son gouvernement et pour les chefs militaires. Et comme malheureusement il se trouve des personnes qui par malice, ignorance ou faiblesse, donnent à ce.qu'elles entendent différentes significations, cet inconvénient a fixé l'attention du souverain; et afin d'éviter les résultats que la circulation de tant de faussetés pourrait causer dans sa loyale armée et parmi les fidèles habitans de ces Provinces, le Roi m'ordonne de dire à V. Exc., comme d'ordre royal je le fais, que S. M. réprouve hautement un moyen aussi infâme, et qu'elle

dictera des mesures propres à châtier d'une main
forte ceux qui, oubliant l'indulgence avec laquelle
dans d'autres occasions elle a excusé leurs fautes,
s'efforcent d'altérer la bonne harmonie et la confiance
qui règne entre ses sujets, falsifiant des instructions
qu'ils n'ont pas, et invoquant les noms sacrés de Dieu
et de sa Sainte Mère, pour cacher le poison de leurs
écrits. Et en définitive, que V. Exc. redouble d'activité, non-seulement afin d'éviter la circulation et la
propagation de telles impostures, mais encore qu'elle
veille sur ceux qui, oublieux de leur devoir comme
militaires et comme vassaux, pourraient avoir part à
de semblables machinations, que S. M. déteste et entend punir. Je le dis de son ordre à V. Exc. pour son
intelligence, la prévenant que sous cette même date,
et sans préjudice des instructions qu'elle pourra donner aux commandans-généraux, la présente résolution souveraine leur est transmise pour sa ponctuelle
et exacte exécution.

Dieu garde à V. Exc. de longues années.

Quartier-royal d'Oñate, le 18 juillet 1839.

MONTENEGRO.

A S. Exc. le chef d'état-major général de l'armée.

Peu de jours après la publication du document précédent, Maroto publia un ordre
général dont voici la copie :

ORDRE GÉNÉRAL DE L'ARMÉE.

Orozco, 23 Juillet 1839.

S. Exc. le secrétaire d'état et du département de la guerre,
par un ordre royal du 20 de ce mois, me dit ce que je trans-
cris :

Excellence,

Je dis au comte de Morella en date de ce jour ce qui suit : — Excellence, le cœur royal de **S. M.** est affligé de voir dans les journaux révolutionnaires et étrangers deux lettres dirigées à sa royale personne par **V. Exc.** et par D. José Arias Teijeiro, qui ont été interceptées par l'ennemi, et dont la teneur censure malheureusement la volonté souveraine avec laquelle **S. M.** gouverne librement et spontanément ses peuples loyaux, et dicte des mesures qui doivent sauver ceux qui gémissent encore sous le joug pesant de l'usurpation. Sa dignité et le triomphe de la juste cause exigent que les effets si désagréables et si transcendans que leur lecture et leur publicité peuvent causer soient détruits; elle a décidé en conséquence que D. José Arias Teijeiro, d'après le narré même de son écrit, a non-seulement rompu le ban de son exil, mais encore aurait laissé supposer une autorisation royale au moyen de laquelle il a surpris **V. Exc.**, et lui a persuadé qu'il apportait des instructions du Monarque pour montrer son état d'abaissement.

Arias aurait ainsi essayé d'obscurcir la gloire de **V. Exc.** en l'arrachant à l'obéissance du gouvernement, ce qui serait le triomphe le plus grand de la révolution, à laquelle Arias aurait donné une preuve évidente de son affection, puisqu'il invoque d'une manière sacrilége le nom de Dieu et du Roi. Arias est désormais déchu de sa dignité de conseiller de Castille et des autres honneurs dont **S. M.** avait daigné le récompenser, et dont il a fait un abus criminel. En conséquence **S. M.** ordonne qu'Arias, Alvarez Arias,

et tous ceux qui avec lui ont franchi les limites de la frontière de France, soient renvoyés sous escorte, et remis au commandant-général de Catalogne sous la plus étroite responsabilité : celui-ci est chargé à son tour de les conduire de la même manière jusqu'à la frontière. Enfin, pour ôter tout sujet d'inquiétude à sa loyale armée et à ses peuples par le séjour sur la frontière de France de tous ceux qui ont été compris dans la mesure d'exil avec le révolutionnaire Arias Teijeiro, qu'on les interne dans ledit royaume, ce qui devra être exécuté dans le plus bref délai. Ceux qui n'accompliront pas tout aussitôt sa volonté seront privés de leurs emplois et des dignités qu'ils doivent à sa souveraine munificence.

Le Roi veut que cette royale résolution, qu'il notifie également à V. Exc. par lettre autographe, soit exécutée sans le moindre retard ; et je suis persuadé que V. Exc., jalouse de sa réputation et de la gloire qu'elle a acquise dans les victoires signalées qu'elle a si souvent remportées, ne permettra pas qu'un seul moment son honorable carrière militaire soit ternie, ainsi que la fidélité et l'obéissance qu'elle a toujours eues pour la souveraine autorité, dont l'organe est le gouvernement. S. M. espère que V. Exc., afin de tranquilliser son cœur royal, fera ce qui lui sera possible pour que par une voie sûre, et très promptement, elle reçoive une réponse qui lui assure que sa volonté a été entièrement accomplie.

Ce qui sera lu à l'ordre général de l'armée.

Maroto.

Quelques symptômes de mécontentement

s'étant manifestés dans les bataillons navarrais, qui firent entendre des cris de *Mort à Maroto !* Elio lui demanda la permission de quitter l'armée, sous prétexte de prendre des bains, nécessaires à sa santé. Maroto lui répondit par la lettre suivante (16), dans laquelle on voit qu'il se repent d'avoir cédé aux désirs du monarque, et épargné les ex-ministres et leurs adhérens. Le post-scriptum mérite aussi quelque attention.

Du général Maroto au général Elio.

Llodio, 6 Août 1839.

Monsieur et ami,

J'ai reçu la vôtre du 4, dans laquelle vous avez la bonté de me communiquer les bruits que les expulsés font circuler, et l'ordre donné par le gouvernement à ce sujet. Ce qu'il y a de plus singulier, c'est que l'on ne me dit rien de tout cela, alors qu'en même temps on m'assure que le Roi pense à se rendre à Estella. Le diable s'en mêle (*anda en cantillana*). Il semble que nous n'ayons d'autre but que de nous faire illusion et de nous tromper réciproquement. Ce que les expulsés font, c'est introduire des papiers où ils nous traitent au plus mal, surtout moi, *qui me repens d'avoir été si généreux en cédant aux désirs du Monarque ;* mais ce qui est fait est fait, allons en avant.

L'incorporation des déserteurs castillans dans les escadrons et bataillons de Castille doit être mise à exécution ; c'est indispensable *par différentes considérations.*

J'ai un désir tout particulier de voir réunir tous les Castillans, pour ce que je me promets d'eux dans le cours de la campagne, et que je ne pourrai faire avec ceux de ces Provinces : cédez donc à ce qui est ordonné, en ayant soin que ce ne soit pas mal interprété.

Conservez-vous, rétabli de vos indispositions, comme le désire votre affectionné serviteur, Q. B. V. M.

Rafael Maroto.

P. S. Ce n'est pas un refus que je vous ai fait d'aller aux bains, mon ami, mais seulement j'ai eu présent *le grand compromis* dans lequel nous nous trouvons tous, et auquel je ne vous crois pas indifférent.

Maroto, convaincu que les soldats conservaient beaucoup d'affection pour D. Carlos, entreprit de le dégrader à leurs yeux. Pour y parvenir, il l'accusait de dureté de cœur, disant qu'il prenait moins d'intérêt à la vie des hommes qu'à celle des chevaux. « Chaque fois disait Maroto, qu'on lui rend compte du résultat d'une bataille, sa première question est, *Combien de chevaux avons-nous perdus?* Jamais il ne demande *combien de ses braves volontaires ont péri pour sa défense ?* »

Dans le mois de juillet Maroto invita D. Carlos à venir passer une revue près d'Orozco ; D. Carlos fut froidement reçu par les soldats (17). La revue terminée, D. Carlos témoigna l'intention de rester avec l'armée, pour assister au

combat que Maroto annonçait pour le jour suivant : celui-ci fit beaucoup d'objections, disant
que la présence de D. Carlos intimiderait les
troupes à cause du danger qu'il courrait, et
qu'il faudrait au moins deux bataillons pour
protéger sa personne. Cédant à ces observations, D. Carlos retourna à Durango. A peine
était-il parti que Maroto s'adressant aux soldats,
leur dit : « Vous voyez comme il vous aban-
donne au moment du danger; il n'a pas le
courage de rester au milieu de vous, qui combattez pour lui; il aime mieux être dans son
palais. Et c'est pour un tel homme que depuis
six ans vous risquez tous les jours votre vie ! »

En suivant ce système Maroto voulait faire
perdre à D. Carlos l'affection et l'estime des
soldats; il y réussit, surtout en Guipuzcoa et en
Biscaye. En même temps il n'épargnait aucun
moyen pour accroître sa popularité personnelle. Un jour il fesait des arrestations parmi
les habitans; le lendemain il les mettait lui-
même en liberté, rejetant sur d'autres la responsabilité de l'arrestation, et s'attribuant le
mérite de la délivrance (18). Il vidait le trésor; et lorsque les soldats recevaient quelques
jours de solde, c'était toujours le général qui
ayant pitié de leur dénuement donnait cet argent de sa poche. Il fesait croire qu'il était soutenu par le gouvernement français, que les

puissances du Nord lui avaient promis d'énormes subsides, et mille exagérations semblables, qui trouvaient de l'écho dans l'armée.

Pendant que D. Carlos passait sa dernière et funeste revue à Elorrio le 25 août, M. de Velasco (19) se présenta au palais, et fit demander une audience particulière à la Princesse. Elle lui fut accordée sur le champ, et la conversation ayant été amenée sur la triste situation des affaires, les progrès de la révolution etc., la Princesse dit à M. de Velasco : « Est-il possible qu'on m'accuse d'être marotiste? — Madame, lui répondit M. de Velasco, cette calomnie est répandue par ceux qui entourent V. M. — Comment! s'écria-t-elle, ne savent-ils pas tous que j'ai été la première victime des révolutionnaires? qui ignore les préventions des libéraux contre moi? — Cela est vrai, Madame, répondit M. de Velasco, et le jour du départ de V. M. pour le Portugal fut cruel pour tous les véritables royalistes; car ils considéraient V. M. comme le principal appui de leur cause. — Peut-on croire que je soutienne Maroto, reprit la Princesse, tandis qu'il travaille à enlever la couronne à mon mari? J'ai dit à Carlos, continua-t-elle avec une noble énergie, mets-toi à la tête de l'armée, je partagerai tes dangers; il vaut mieux mourir avec gloire que succomber lâchement

sous les coups d'une aussi horrible trahison. »
En quittant la Princesse M. de Velasco lui dit :
« Je ferai connaître à tout le monde, Madame,
les sentimens qui animent V. M. ; je n'en avais
jamais douté, mais c'est avec bonheur que j'en
ai reçu la nouvelle assurance de votre propre
bouche. »

Il était très tard, le 25 au soir, lorsque D. Carlos arriva à Villafranca. M. de Velasco était
près de là, à Beasain, avec un député de Guipuzcoa, lorsqu'on vint leur dire que si D. Carlos allait à Tolosa il était perdu, les troupes de
la ligne d'Andoain ayant résolu de le livrer.
M. de Velasco se rendit de suite à Villafranca :
il était deux heures et demie du matin, D. Carlos était au lit, il se leva pour le recevoir, et
ayant appris ce qui se passait, il arrêta la nomination de Guibelalde pour le commandement général de Guipuzcoa, dans l'espoir que
par son influence sur ses compatriotes il pourrait lui conserver quelques bataillons de cette
province, peut-être même ramener les égarés (20).

Le 25 août, après la revue, Maroto se rendit à Durango, où était Espartero. Il fut convenu entre eux que Maroto retarderait encore
sa soumission à la Reine, pour tâcher d'entraîner un plus grand nombre de bataillons, donner le temps à Iturbe de compléter la séduc-

tion de ceux de Guipuzcoa, et de les amener près de Bergara. Ils espéraient aussi, par ce moyen, et avec le secours des amis que Maroto avait dans le palais, faire naître une occasion plus favorable pour s'emparer de la personne de D. Carlos. Pour cela Maroto se retira sur Azpeytia, après avoir feint une rupture avec Espartero, et il écrivit à D. Carlos la lettre du 27 août (21).

Maroto ne demeura pas inactif, il continua ses intrigues pour achever la désorganisation de l'armée. Le 29, étant à Villaréal de Zumarraga, il écrivit la dépêche suivante, adressée au commandant d'armes d'une des principales villes de Guipuzcoa :

Toutes les troupes qui m'entourent se sont décidées pour terminer la guerre, et dans la journée de demain on publie la paix conclue, circonstance que vous pourrez communiquer en réponse à votre dépêche de cette date.

Dieu vous garde de longues années.
Zumarraga, 29 août 1839.

Rafael Maroto (22).

Les bataillons de Guipuzcoa ayant commencé à murmurer contre Iturbe, et ceux de Castille témoignant hautement les soupçons que la conduite de Maroto leur fesait concevoir, celui-ci dut hâter le dénouement de ce

drame, dont la dernière partie avait été si bien jouée que lord John Hay lui-même fut trompé; il crut tellement à la rupture entre Maroto et Espartero, qu'il accusait celui-ci d'avoir fait tout échouer par sa précipitation à occuper les Provinces. Il résulte donc de l'aveu de lord 'John Hay, que si le peuple et l'armée avaient pénétré les intentions de Maroto, il n'aurait pu les mettre à exécution. Voilà, à ce qu'il me semble, la meilleure réponse à la justification de Maroto, publiée par lui à Bilbao (23).

Mais si Maroto ne trouvait pas d'appui dans le peuple et dans l'armée, il n'en manquait pas à la cour de D. Carlos. Dans un conseil tenu à Villafranca le 26 août, par l'archevêque de Cuba (père Cyrille), le marquis de Valdespina, le baron de Juras Reales, Montenegro, ministre de la guerre, Ramirez de la Piscina, ministre des affaires étrangères, MM. Erro et Otal, il fut décidé que D. Carlos devait se retirer vers les frontières, pour de là passer en France, seul moyen de salut qui lui restât.

Quand on rapporta à D. Carlos ce qui s'était passé, il ne parut pas convaincu de la nécessité d'abandonner ses fidèles volontaires. « Vous prétendez, disait-il, que la plus grande partie de l'armée est passée à l'ennemi, et que le reste est tout-à-fait désorganisé : il me semble cependant que les bataillons Alavais ainsi que les

Navarrais me sont demeurés fidèles ; et si ces troupes ne sont pas suffisantes pour tenir tête à Espartero, elles peuvent du moins m'escorter jusqu'au camp de Cabrera. »

D. Carlos était si résolu à se rendre en Aragon, qu'en arrivant à Lecumberri M. Marco del Pont eut à ce sujet une entrevue avec Elio, qui approuva ce projet, et ajouta : « Avec 8 bataillons je me fais fort de conduire le Roi jusqu'à l'armée d'Aragon. » Aussitôt que D. Carlos eut connaissance de la réponse d'Elio, il assembla un nouveau conseil, qu'il présida, et auquel assistèrent les ministres de la guerre, des finances et des affaires étrangères, les généraux Eguia, Villaréal, Elio, Valdespina, l'archevêque de Cuba, le baron de Juras Reales, MM. Erro et Otal. Après une longue délibération le conseil déclara que le départ de D. Carlos pour l'Aragon était impossible. Dans la chaleur de la discussion le père Cyrille dit qu'il n'accompagnerait pas D. Carlos en Aragon : « Je le crois, lui répondit un des assistans, vous savez trop bien quelle espèce de réception vous serait faite par le brave et loyal Cabrera. » Dans cette séance Elio fut nommé commandant en chef de l'armée, et reçut des instructions pour couvrir la retraite de D. Carlos.

Le conseil levé, D. Carlos témoigna sa surprise de la décision qui avait été prise, et sur-

tout du changement survenu dans les résolutions d'Elio. M. Marco del Pont l'ayant interrogé
là-dessus, Elio répondit « qu'il avait réfléchi
sur les difficultés d'une pareille entreprise, surtout connaissant les Navarrais, qui ne consentiraient jamais à sortir de leur pays pour aller
en Aragon. » D. Carlos dut renoncer ostensi-
blement à son départ pour l'Aragon, mais il
conservait de telles espérances de parvenir à
l'effectuer, que tous les officiers qui se présentaient pour demander la permission de se retirer en France recevaient un ordre conçu dans
ces termes :

Première secrétairerie-d'état. — Le Roi N. S., satisfait de votre dévouement à son auguste personne
et à sa juste cause, ainsi que de vos bons et fidèles
services, a daigné vous autoriser, attendu les circonstances critiques de l'époque actuelle, à vous transporter à l'étranger, ou sur tout autre point de ce
royaume. Vous devrez donner avis du lieu de votre
résidence, afin que quand cela conviendra on puisse
vous prévenir de vous présenter pour remplir de
nouveau les fonctions de votre emploi, sans que cette
absence vous porte aucune espèce de préjudice.

Je vous le communique pour votre intelligence et
autres effets convenables.

Dieu vous garde, etc.

Quartier royal de Lecumberri, le 1.er septembre

Pendant son séjour à Lecumberri, D. Carlos, continuellement tourmenté, feignit de consentir à abandonner les Provinces, et à se retirer en France. Le 8 il partit pour Elissondo; il était accompagné par la garde royale, les bataillons d'Alava et autres troupes; et quoique Espartero fût encore très éloigné de Lecumberri, on abandonna une grande quantité de munitions dans ce village.

Dans la retraite vers les frontières de France, le père Cyrille, Valdespina, MM. Erro, Otal, Ramirez de la Piscina et autres, quittèrent D. Carlos sans permission, sans même lui adresser leurs adieux; mais ce qui surprit le plus ce prince fut la fuite précipitée et secrète du ministre de la guerre. « Savez-vous que Montenegro m'a quitté? dit-il à M. Marco del Pont : vous êtes maintenant le seul ministre qui me reste. » Abandonné par tous ceux qui dirigeaient ses affaires, D. Carlos n'eut d'autre ressource que de se rapprocher des frontières pour chercher un refuge en France.

Le 13 D. Carlos quitta Elissondo pour aller à Urdax, où il arriva vers midi. Peu après l'on apprit l'entrée d'Espartero à Elissondo, et D. Carlos envoya le général Zabala demander aux autorités françaises sur la frontière, si dans le cas où il désirerait entrer dans ce royaume la permission lui en serait accordée. La réponse fut satisfesante.

Le 14, à deux heures après midi, les christinos se présentèrent sur les hauteurs d'Urdax,
et commencèrent un feu très vif contre le régiment Cantabre qui défendait les approches du
village. Le général Zabala, ayant appris qu'Espartero s'avançait, envoya un de ses aides-de-
camp pour en prévenir D. Carlos, qui monta
à cheval ainsi que la Princesse et les Infans.
D. Carlos ayant ordonné au commandant de la
garde de placer la famille royale au centre de
la compagnie, on se mit en marche vers la
frontière. A peine la famille royale était-elle à
une centaine de pas du village, qu'on rencontra le général Elio, qui arrivait vers le lieu du
combat; il venait de son logement, qui était situé entre Urdax et la frontière. Il s'arrêta, et dit
au commandant de la garde d'infanterie de retourner au feu. L'infant D. Sébastien s'y opposa, et commanda aux soldats de marcher en
avant; mais Elio ayant insisté, le Prince dut
céder, et la compagnie rentra dans Urdax, où
Villaréal ordonna de mettre les fusils en fais-
ceaux auprès du couvent. Il ne restait plus de
troupes carlistes dans le village, et les christinos arrivaient : le commandant de la garde
vit le danger, et ne permit pas à ses soldats
de quitter leurs armes; mais ne sachant de
qui prendre les ordres, voyant d'ailleurs qu'il
n'y avait aucune troupe de réserve pour la

soutenir, et que cependant les christinos avan-
çaient en grand nombre, la garde abandonna
la place, et, passant le canal, se retrancha derrière une muraille, d'où fesant un feu soutenu
sur les christinos elle parvint à les contenir
un peu. Au bruit du feu Elio et Villaréal arrivèrent par les derrières du village, et ordon-
nèrent à la garde de se retirer, ce qui s'effectua
sans obstacles jusqu'au fort d'Urdax. Là, Villaréal forma la garde par moitié, et le feu continua jusqu'à ce que les christinos se présentèrent en force, surtout la cavalerie. La garde
continua sa retraite; et s'étant rangée en bataille auprès du pont, y demeura jusqu'à ce
que tout le monde fût passé : après quoi Villaréal lui ordonna de se remettre en marche jusqu'au pont.

D. Carlos et sa famille entraient en France
le 14 septembre 1839.

CHAPITRE III.

L'INSURRECTION des 5.ᵉ et 12.ᵉ bataillons de Navarre dans le mois d'août dernier, fit sensation dans les Provinces; les divers partis qui travaillaient à la destruction de la cause carliste se sont emparés de cette circonstance, et s'en sont servis pour excuser leurs actes et même l'abandon des Provinces par D. Carlos. Il est donc d'une importance réelle de rétablir les faits, et de présenter sous leur véritable point de vue l'origine, les progrès et la fin de ce soulèvement. Cette narration fidèle offrira une page très importante pour l'histoire de la trahison, et prouvera jusqu'à l'évidence l'esclavage dans lequel D. Carlos était retenu par ses

prétendus amis, et l'état d'exaspération dans lequel cette persuasion et les manœuvres des marotistes jetèrent la partie fidèle de l'armée carliste.

Les dernières paroles de D. Carlos à M. Arias Teijeiro en se séparant de lui, dans la matinée du 24 février, furent (1) : « Mes actes sont le fruit de la violence; je vous en donne l'assurance. Informez Cabrera et le comte d'Espagne de tout ce qui s'est passé ici; dites-leur que je ne suis plus libre, et si vous pouvez aller les rejoindre cela vaudra encore mieux. »

Ces paroles, profondément gravées dans le cœur des ministres exilés et de leurs amis, étaient regardées par eux comme un ordre de délivrer leur souverain du joug qui lui était imposé par un tyran sanguinaire : cet ordre était sacré, ils résolurent de faire tout ce qu'il serait possible pour le remplir.

Dans cette intention ces sujets fidèles et dévoués, l'évêque de Léon, D. Juan Echeverria, le général D. Basilio Garcia, M. Lamas Pardo (2) et autres, établirent leur résidence près des frontières, afin de surveiller les mouvemens de Maroto et de ses agens, et de donner à D. Carlos des avis opportuns de tout ce qui se tramerait contre sa personne et contre sa cause.

Bientôt ils acquirent la certitude de l'existence d'une correspondance secrète entre les

personnes qui entouraient D. Carlos et un comité établi à Paris, pour l'exécution d'un plan
dont le résultat devait être l'abdication (3) de
ce Prince en faveur de son fils aîné. L'intelligence entre Espartero et Maroto, qu'ils soupçonnaient depuis long-temps, leur fut prouvée
d'une manière qui n'admettait plus le moindre
doute.

Ces renseignemens, envoyés par eux à une
personne sûre, furent mis sous les yeux de D.
Carlos. La réponse vint confirmer toutes leurs
craintes; D. Carlos était dans une position telle
qu'il n'avait pas le pouvoir de prendre les mesures que l'état de ses affaires rendaient indispensables.

Dans une situation semblable que devaient
faire les exilés? s'adresser à l'armée, au peuple, engager les fidèles Basques et Navarrais
à se rallier autour de leur Roi pour l'arracher des mains de ceux qui s'étaient ligués
pour sa perte! Dans ce but plusieurs documens
furent publiés et répandus dans les Provinces.

La contrainte et la surveillance exercée sur
D. Carlos par ceux qui l'entouraient, ressort
évidemment du fait suivant. A peine les détails
des manœuvres secrètes de Maroto et des transactionnistes étaient-ils parvenus à ce Prince,
que les chefs de ce parti en eurent connaissance, et un ordre dont voici la copie fut adressé

par le ministre de la guerre et par M. Ramirez de la Piscina aux exilés résidans sur la frontière de France.

Secrétairerie-d'état du département de la guerre. — C'est la souveraine volonté du Roi N. S. que vous vous éloigniez des frontières d'Espagne, fixant votre résidence dans l'intérieur de la France ou de tout autre pays, jusqu'à ce que la clémence royale daigne vous accorder la permission de rentrer dans votre patrie. Je vous le dis par ordre royal, et vous préviens que S. M. m'a ordonné de vous faire savoir que par le seul fait d'un déni d'obéissance, vous demeurerez privé des emplois, honneurs et décorations que vous devez à sa souveraine munificence.

Dieu vous garde de longues années.

Quartier-royal d'Oñate, 20 juillet 1839.

MONTENEGRO.

L'indignation des exilés excitée au plus haut point par cette mesure arbitraire, quelques-uns d'entre eux adressèrent aux ministres des réponses écrites avec dignité, les accusant d'agir contre l'intérêt du maître qu'ils avaient juré de servir. Aucun d'eux n'obéit à cet ordre, qu'ils ne croyaient pas émané de D. Carlos.

Une pièce bien importante tomba peu après au pouvoir des exilés; c'était une copie des conventions faites entre Maroto et Espartero, pour l'entrée de celui-ci dans les Provinces, et pour la remise entre ses mains de la personne

de D. Carlos. Cette pièce fut envoyée à D. Carlos, et une proclamation répandue dans les Provinces : la réponse secrète reçue de la personne qui servait d'intermédiaire entre les exilés et D. Carlos était très satisfesante; et cependant ce Prince lança, ou ses ministres en son nom, une proclamation contre eux, dans laquelle ils sont accusés d'être d'accord avec les christinos, et de favoriser les menées de la révolution !

En présence d'actes si contradictoires quelles devaient être les pensées des exilés? quelle devait être leur conduite? Pouvaient-ils croire, lorsqu'il était démontré avec une effrayante vérité que D. Carlos et sa cause étaient entraînés à grands pas vers une ruine certaine, que ce Prince, se refusant à l'évidence, prendrait parti pour ses ennemis, pour ceux qui travaillaient avec activité et sang-froid à sa chute, contre ses sujets les plus fidèles, les plus dévoués, dont le seul vœu, le seul désir était de le sauver? Non! l'unique conclusion à laquelle toutes leurs réflexions pouvaient les faire arriver était que D. Carlos n'avait pas la liberté d'action, qu'il était prisonnier.

Les événemens se sont chargés de la justification des exilés : ce qui s'est passé dans les mois d'août et de septembre a prouvé qu'ils avaient bien jugé les hommes et les choses;

et c'est avec orgueil qu'ils peuvent dire aujourd'hui : « Nous fûmes envoyés en exil par le traître Maroto; notre geôlier, jusqu'à l'accomplissement de la sentence fut le traître Urbistondo (4). »

Les écrits publiés par les exilés, l'entrée d'Espartero dans les Provinces, l'abandon dans lequel Maroto laissa le général Tarragual et quelques braves bataillons offerts en sacrifice lors de la prétendue défense de Ramalès, exaspérèrent les esprits du peuple et de l'armée de Navarre; une députation d'une partie de cette armée passa la frontière, et vint consulter les exilés sur les mesures qu'il conviendrait d'adopter pour prévenir l'anéantissement de la cause et sauver la personne de D. Carlos. Après de longues délibérations, des lettres furent écrites aux divers commandans des bataillons Navarrais, dans lesquelles on leur demandait : « S'ils étaient fermes dans leur résolution de s'unir pour sauver leur Roi, leur religion et leur pays? » A peine ces lettres étaient-elles arrivées à leur destination que le 5.ᵉ bataillon se souleva et se porta sur Vera.

Il est positif que les exilés n'eurent connaissance de l'insurrection de ce bataillon que lorsqu'elle était déjà effectuée et qu'il était en marche pour Vera; leur projet était de ne rien entreprendre avant de s'être assurés de la co-

opération de toute l'armée de Navarre. Quant à la volonté de D. Carlos, elle leur était connue. D. Juan Echeverria fut vivement contrarié en apprenant la démarche faite par ce bataillon ; et, pour empêcher que cette précipitation ne nuisît au plan arrêté, et prévenir les malheurs qui pourraient survenir si ces troupes demeuraient livrées à elles-mêmes dans un moment où la trahison se montrait partout tête levée, il se décida à s'approcher des frontières : en même temps il était résolu de ne rien faire sans ordre de D. Carlos. A son arrivée sur la frontière il publia la proclamation suivante :

NAVARRAIS ET HABITANS DES PROVINCES BASQUES,

SIX années de désolation et de mort pesant sur votre malheureux pays, ont dû prouver au monde que votre glorieuse insurrection, votre constance et vos sacrifices, avaient pour objet le triomphe de la religion, de la monarchie pure, de notre légitime souverain D. Carlos V et de vos *fueros* ; mais la révolution, qui depuis long-temps connaît l'impuissance de ses armes, a senti le besoin de faire pénétrer ses agens et ses sicaires dans les rangs de la fidélité et dans les postes les plus élevés de l'état. Leurs machinations, leurs intrigues, leurs plans secrets, eurent toujours pour objet de vous réduire à l'inaction, et de paralyser toutes les opérations qui auraient amené le triomphe de la légitimité et la prompte fin de la guerre.

Vous avez été témoins de tout ce qui a été tenté pour que les armes de S. M. ne sortissent pas du territoire circonscrit de ces fidèles Provinces, afin d'éterniser la guerre, d'affamer le pays, et d'arriver à un dénouement auquel les agens de la révolution n'ont cessé de travailler sans relâche.

Ce plan a subi diverses transformations, mais toutes tendent toujours à ce seul but . *que Charles V ne règne pas , qu'il renonce à ses droits ; qu'une régence gouverne pendant un certain nombre d'années , et que* les membres en soient choisis, comme de raison, parmi les ennemis déclarés de la Navarre et des Provinces.

Le Roi a repoussé constamment les tentatives qu'on a faites auprès de lui d'une manière indirecte pour faire adopter cet horrible projet, parce qu'il en sentait les funestes conséquences, dont la première eût été *la nullité de tout ce qui a été fait sous son commandement, et l'abrogation de tous vos priviléges.* Il était entouré de sujets fidèles qui l'encourageaient dans ces justes résolutions, et de généraux qui savaient les faire respecter; mais les agens de la révolution n'ont pas trouvé de meilleur moyen pour se débarrasser de ces hommes dont le dévouement était à toute épreuve, que de les faire fusiller.

Six mois d'obscures intrigues et d'attaques incessantes sont parvenues à faire violence à la volonté souveraine, et depuis ce temps la guerre verse plus que jamais sur votre territoire toutes ses fureurs. C'est à vous, Basques et Navarrais, qu'est réservée la gloire de sauver votre Roi, sa cause et votre pays. Un mo-

ment suffit ; accourez donc, et dans cette entreprise vos chefs ne vous abandonneront pas.

Le même jour le général Zaratiégui en publiait une autre dont voici la copie :

Proclamation de Zaratiégui.

Bastanais,

Au moment où nous nous disposions à noblement châtier par les armes ceux qui, la torche incendiaire à la main, dépouillent de leurs moissons les plaines fertiles de la Solana, pour en faire plus tard autant parmi vous, quelques misérables volontaires, séduits par un lâche, ont déserté les rangs de la loyauté et le champ de la gloire, pour se couvrir de l'ignominie et de la honte des traîtres. C'est à vous, pères et frères des soldats séduits, qu'il appartient de détruire leur erreur : la patrie l'exige, le Roi vous regarde ; et un compatriote qui tant de fois a partagé les dangers et la gloire de ces mêmes volontaires, vous adresse cet appel, et promet l'oubli aux individus égarés, non que leur présence nous soit nécessaire pour contenir et châtier les révolutionnaires, mais afin d'épargner du chagrin à notre souverain bien-aimé, et pour que toute l'Europe, qui admire nos faits extraordinaires, ne nous confonde pas avec les mercenaires qui se battent par état.

Dieu et le Roi fut toujours notre devise : pour Dieu et pour le Roi nous saurons triompher ou mourir.

Quartier-général d'Etulain, le 9 août 1839.

Zaratiégui.

D. Juan Echeverria demeura sur l'extrême frontière française depuis le 9 août au soir jusqu'au 12. Alors, ayant appris l'approche de D. Carlos, il entra en Espagne pour recevoir ses ordres.

Le jour suivant, le curé de Lesaca arriva à Vera; il venait de la part de D. Carlos inviter D. Juan à se rendre à Lesaca, pour avoir une entrevue avec lui. D. Juan obéit, et se mit en route, accompagné seulement du curé qui était venu le chercher. Ici on trouve une preuve de l'intérêt que Montenegro et autres personnes qui entouraient D. Carlos avaient à empêcher qu'il ne fût averti de ce qui se tramait contre lui; car ayant eu connaissance de la mission que le curé de Lesaca avait été remplir, ils firent occuper le pont qui est sur la Bidassoa entre Lesaca et Vera, par une compagnie du 7.ᵉ bataillon, avec ordre de ne pas laisser passer D. Juan : mais le soleil étant très ardent, celui-ci prit avec le curé des chemins de traverse où il y avait de l'ombre, et c'est grâce à cette circonstance qu'il pénétra dans Lesaca.

D. Carlos reçut D. Juan de la manière la plus affectueuse, et l'entrevue dura près de deux heures.

D. Juan supplia D. Carlos de se mettre à la tête des bataillons insurgés, et de se retirer par ce moyen des mains de ceux qui l'opprimaient.

D. Carlos lui répondit que sa famille étant restée à Goizueta, il n'osait rien entreprendre, craignant qu'elle ne fût pas en sûreté; qu'il croyait plus prudent que D. Juan retournât en France attendre un moment plus favorable, et que les bataillons se rendissent dans leurs cantonnemens.

Pendant que D. Juan Echeverria était à Lesaca auprès de D. Carlos, Elio profita de son absence pour envoyer le père Guillermo à Vera, travailler à faire rentrer le 5.ᵉ bataillon sous son obéissance. Ce moine harangua les soldats, leur disant que le Roi était libre; qu'il exigeait qu'ils missent bas les armes, et qu'un pardon général leur serait accordé. Les officiers et sergens s'étant réunis, l'un d'eux répondit au nom du bataillon de la manière suivante :

« Nous ne voulons pas suspecter les intentions d'Elio; nous le croyons homme d'honneur. Vous, membre de l'église, nous vous jugeons de même; mais si vous êtes incapable de dire une fausseté, nous le sommes aussi de manquer à une parole donnée. Nous vous promettons de mettre bas les armes si le Roi vient à Estella sous notre seule escorte; en arrivant dans cette ville nous nous soumettrons à sa volonté souveraine exprimée par lui seul. Dans le cas contraire nous vous prévenons que vous pouvez lancer des décrets et proclamations si-

gnés de la main royale, nous les considérerons comme nuls et arrachés par la violence. » Le moine après cette réponse retourna vers Elio.

A son retour D. Juan fit connaître aux volontaires les désirs de D. Carlos, et leur annonça son intention de retourner en France : mais à peine lui laissèrent-ils le temps d'achever, tous s'écrièrent qu'ils s'étaient soulevés pour délivrer leur Roi et sauver la cause qui était entraînée vers sa ruine ; qu'ils étaient déterminés à atteindre leur but, et ne permettraient pas à D. Juan de les quitter. Celui-ci consentit à rester, et s'occupa à rétablir l'ordre parmi eux.

Le général Elio, voyant que les troupes avec lesquelles il était venu sur Vera paraissaient disposées à fraterniser avec les insurgés, envoya un exprès à Zaratiégui pour lui demander du renfort; la réponse de ce général, qui fut interceptée par le commandant du 5.ᵉ bataillon, et dont voici la copie, prouve quelles étaient les dispositions des autres bataillons Navarrais.

Du général Zaratiégui au général Elio.

Etulain, 12 Août 1839.

J'ai reçu la lettre que vous m'avez fait remettre, et de suite j'ai appelé les chefs des 2.ᵉ, 3.ᵉ et 10.ᵉ, et Ripalda : tous disent qu'ils ont la plus grande confiance dans leurs officiers, et que par conséquent ils

peuvent compter sur leurs soldats ; mais nous avons été attrapés déjà deux fois (*lleva uno ya dos petardos*) ; et si la chose prend de l'accroissement, nous le serons deux cents fois dans cette affaire : aussi malgré leurs protestations je ne me décide pas à envoyer un bataillon, pour ne pas compliquer ma situation, ni celle de là-bas. Je vais voir s'il est possible d'envoyer deux compagnies du 7.ᵉ avec des munitions et de l'artillerie, et je donnerai mes instructions pour que le convoi ne soit pas remis en de mauvaises mains.

Je ne sais que dire ni qu'écrire. Adieu, votre affectionné,

Juan Antonio Zaratiégui.

Le 17 D. Juan Echeverria (5) publia la proclamation suivante :

Volontaires, Héroïques Peuples de Navarre
et des Provinces Basques,

Le voile qui cachait à vos yeux le vaste plan de perfidie tramé par la révolution pour vous ensevelir dans un chaos d'interminables malheurs, vient enfin de tomber. Vous avez vu vos meilleurs généraux, les boulevards de la restauration, tomber sous le plomb fratricide ; vous avez vu un monstre, aussi féroce que brutal, aussi stupide que hardi, se mettre à la tête d'une poignée d'assassins, tuer, exiler, et ce qui est encore pis déshonorer, en leur appliquant le nom de traîtres, ces héros sur lesquels reposaient toutes les espérances du Roi et de la patrie ; vous avez vu ce lâche se précipiter sur le meilleur des rois, sur le vertueux Carlos, l'outrager, le dégrader à la face des na-

tions, qui contemplaient jadis avec admiration vos vertus martiales. Lisez, Volontaires et Peuples, lisez cette lettre infâme adressée à notre bon Roi par celui qui dirigeait la tourbe des assassins; cette lettre (6) publiée par lui-même pour qu'elle passât à la postérité, comme un monument éternel de sa barbarie et de la plus grande insulte qui ait jamais été faite à la dignité royale! Lisez aussi le premier acte scandaleux du gouvernement de ces hommes qui à force de crimes se sont emparés du pouvoir; il est consigné dans ce décret qui déclare revêtu de la plénitude des attributions un sujet qui vient de dégrader son Roi! Volontaires et Peuples Basco-Navarrais, vous avez vu tout cela, mais vous ignorez encore que ces hommes indignes n'écoutant qu'un vil intérêt, viennent de traiter de la vente de votre Roi, de la vôtre, de l'abolition de vos *fueros*, de l'incendie de vos foyers, de vos champs, de l'éternel esclavage de vos descendans, de la ruine de la patrie et de la désolation du sanctuaire! Misérables! avec quel plaisir ils jouiraient à l'étranger de ces pensions mesquines qu'ils ont acceptées pour prix de la remise entre les mains des ennemis de ces objets si chers et si sacrés!!!!

Volontaires et Peuples, si la surprise produite par de si horribles attentats a pu vous arrêter quelque temps, le jour est arrivé où le courage qui enflammait vos nobles cœurs doit se montrer, non pour tuer illégalement, ce qui ne convient qu'à de lâches assassins, mais pour sauver du plus grand danger une cause si sainte, et pour laquelle tant de sacrifices ont été faits; car, il faut que vous le sachiez, Volontaires

et Peuples, nous sommes en danger de perdre la récompense due à votre valeur et à votre fidélité, et de voir ensevelir pour toujours dans l'oubli votre héroïsme incomparable. Volontaires et Peuples, on a amené à Lesaca notre bien-aimé Monarque, mais entouré des marotistes les plus effrénés de tous ceux qui ont pris le plus ouvertement part à la conjuration; on ne lui a pas permis de vous voir, on n'a pas voulu que vos chefs lui parlassent : c'était sans doute pour vous donner une preuve de plus de l'esclavage auquel ils l'ont réduit, pour le forcer à signer l'abdication de ses droits imprescriptibles, seul crime qui leur reste à commettre pour entrer en jouissance des pensions qui leur sont assurées dans l'étranger. Mais vous ne permettrez pas qu'ils recueillent le fruit de leur infamie, parce que s'ils ne se désistent pas de cet abominable projet, vous les ferez mourir sur le sol qu'ils ont souillé par tant de crimes et d'atrocités.

Que ceux qui jusqu'à présent ont été trompés ou séduits à force d'intrigues viennent à nous, ils seront reçus comme des frères. Unissons-nous tous pour rompre les liens qui retiennent notre bien-aimé Monarque prisonnier; lavons la tache jetée sur son trône par ces hommes déloyaux et perfides; marchons identifiés avec nos principes, marchons dans le sentier du devoir, dans cette voie qui nous fut tracée par le Roi lui-même en Portugal; et persistons dans notre glorieuse entreprise jusqu'à ce que nous en ayons assuré le triomphe, et vu luire le grand jour de la restauration Espagnole.

Vera, 17 août 1839.

Par une coïncidence singulière, chaque fois que D. Juan publiait un document quelconque, il en paraissait un de l'autre côté, comme pour servir de correctif. C'est ainsi que le 17, jour où la proclamation de D. Juan parut, Montenegro en fit circuler une autre. Il faut remarquer le soin avec lequel on évite dans cette pièce de dire que D. Juan ne vint à Lesaca que sur *l'ordre exprès* de D. Carlos : circonstance que Montenegro ne pouvait ignorer, puisque l'entrevue avait duré deux heures, pendant lesquelles personne ne fut admis dans l'appartement; et enfin que lui-même avait fait tout ce qu'il avait pu pour empêcher qu'elle n'eût lieu.

Voici ce que Montenegro publia :

BULLETIN DU QUARTIER-ROYAL.

Samedi, 17 Août 1839.

Secrétairerie d'état du département de la guerre. — Les premiers rapports reçus par le Roi sur les événemens fâcheux survenus dans le 5.ᵉ bataillon de Navarre, suffirent pour qu'il se mît en route pour Vera, point sur lequel les insurgés s'étaient dirigés. Après une conférence avec le commandant général de Navarre, des personnes de confiance et d'un caractère respectable, parmi lesquelles le curé de Lesaca, furent envoyées de cette ville pour parler aux officiers et soldats, afin de les engager à renoncer à une entreprise qui attirerait des maux sans nombre sur leur pays, leur religion et leur cause, pour laquelle tant

de sang a déjà été versé. Ces remontrances paternelles n'ayant produit aucun résultat favorable, un ordre royal fut adressé au chef des révoltés, lui enjoignant de se rendre de suite à Sumbilla, où il recevrait de son commandant-général les ordres que S. M. lui avait communiqués; mais la réponse fit connaître le degré de perversité où descendent ceux qui, ayant dévié une fois du sentier du devoir, ne suivent plus d'autre impulsion que celle de leurs passions : cette réponse se réduisait à éluder l'obéissance due à cet ordre sous divers prétextes spécieux.

Les choses étaient en cet état lorsque le prêtre D. Juan Echeverria se présenta à Lesaca, accompagné du curé de ladite ville, et après une entrevue avec S. M., déclara que les réfugiés à Vera étaient prêts à se soumettre à la volonté souveraine. Cette parole étant donnée par un ministre des autels, on ne douta pas de son accomplissement, et l'on pensa que les rebelles se rendraient au lieu qui leur avait été désigné; mais il n'en a pas été ainsi, et leur désobéissance est arrivée au plus haut point. S. M., qui ne pouvait, sans compromettre sa dignité royale, voir avec indifférence cette insubordination et ce manque de respect à ses ordres souverains, enjoignit au commandant-général de Navarre de réunir les forces nécessaires pour réduire par les armes ceux qui, aveuglés et manquant à l'amour qu'ils doivent à sa royale personne, remplissaient son cœur paternel d'amertume. Par ce motif, et pour que les loyaux habitans de ces provinces et de ce fidèle royaume, sa vaillante armée, et l'Europe entière, fussent instruits

de la marche suivie dans une affaire aussi délicate, il a adressé à son armée l'allocution suivante :

« VOLONTAIRES,

« L'insurrection du 5.ᵉ bataillon de Navarre quand il était en face de l'ennemi, prêt à envahir notre territoire, a attiré mon attention souveraine ; voulant couper le mal dans la racine, j'ai délaissé d'autres affaires non moins graves, et je suis venu ici pour les engager à se désister de leur téméraire entreprise, à revenir dans les rangs de cette brave armée, et continuer à donner des jours de gloire à la cause. Les exhortations paternelles de personnes respectables, et qui possèdent toute ma confiance, n'ont pas suffi pour les faire rentrer dans le sentier de l'honneur et du devoir ; et ma dignité souveraine ne me permettant pas de laisser impuni un si criminel attentat, j'ai résolu de faire usage de la force, puisque la douceur n'a produit aucun résultat.

« Volontaires, vous avez été témoins de mes peines pour faire rentrer dans vos rangs cette poignée d'égarés qui, abusant de ce qu'il y a de plus sacré et de notre sainte religion, enfoncent un poignard homicide dans le sein de notre bien-aimée patrie. Connaissant à fond la décision et la loyauté qui vous distinguent, j'espère que vous donnerez une nouvelle preuve d'amour à votre Roi, et que vous contribuerez par vos armes à l'extermination de ce germe de lâche insubordination et de vile trahison : voilà ce qu'attend de vous votre Roi et général,

CARLOS. »

Le 23 août le général D. Basilio Garcia passa la frontière, et se rendit à Vera. Il trouva les bataillons dans un état d'irritation extrême, causée par la marche rapide d'Espartero dans les Provinces. Le lendemain ils lui envoyèrent une députation, le priant de se mettre à leur tête. Le général refusa, en leur disant qu'il ne pouvait le faire sans un ordre du Roi, auquel il écrivit à cet effet (7).

Le 26 D. Juan Echeverria reçut de Maroto une lettre dont voici la copie. Dans cette lettre, écrite au moment de sa désertion, le traître a l'audace de dire « *qu'il n'a d'autres principes que le Roi, la Religion et le bien de ces Provinces;* » et il ajoute, Espartero étant déjà à Durango, « *qu'il ne peut résister à l'ennemi s'il n'y a pas d'union parmi les carlistes.* » Le but de cette communication était évidemment de tromper D. Juan, pour s'emparer de sa personne.

Le général Maroto à D. Juan Echeverria.

Monsieur,

Je suis étonné que ce soit vous qui donniez le coup mortel à la cause du Roi, par la révolte du 5.e bataillon et autres. Réfléchissez et repentez-vous, désistez-vous d'un acte si téméraire, dans la ferme intelligence que jamais vous ne trouverez en moi d'autres principes que le Roi, la religion et le bien de ces

Provinces, comme le temps le prouvera. *S'il vous est agréable de venir auprès de moi nous conférerons ensemble.* L'ennemi envahit le pays avec des forces nombreuses, je ne puis lui résister s'il n'y a pas d'union, et vous et ceux qui vous accompagnent serez seuls coupables des malheurs qui fondront sur nous si vous méprisez *mon invitation si noble et si franche.*

Votre affectionné serviteur, qui baise vos mains,

RAFAEL MAROTO.

Elorrio, 23 août 1839.

La réponse de D. Juan fut telle qu'on devait l'attendre d'un loyal carliste, d'un brave Navarrais; elle était conçue en ces termes :

D. Juan Echeverria au général Maroto.

Celui qui donne le coup mortel à la cause du Roi, à la religion et aux Provinces, c'est vous ! vous, le traître, l'assassin, l'ennemi déclaré de l'un et des autres ! Les événemens parlent : qui a commis les assassinats d'Estella ? qui a forcé le Roi, le poignard sur la gorge, à signer le contre-décret ? qui a vendu et livré Ramalès, Guardamino, Balmaseda, Orduña, Urquiola et Durango ? qui enfin a persécuté tous les hommes fidèles au Roi et à sa cause ?

Jamais je ne me réunirai à des assassins ni à des traîtres tels que vous. Avec moins de troupes et moins de ressources nous avons toujours empêché les ennemis d'envahir le pays ; maintenant ils ont passé par des points où ils auraient dû périr jusqu'au dernier. Mais, comme vous êtes depuis long-temps d'accord

avec Espartero, il n'est pas étonnant qu'il entre où il voudra, comme il le fait depuis quelque temps.

Ne croyez pas que le 5.ᵉ et le 12.ᵉ bataillons soient les seuls qui se soient prononcés aux cris de *Vive le Roi! Meure Maroto !* Cet exemple est suivi par tous les vrais royalistes, mais surtout par les braves Navarrais : leurs œuvres le prouveront.

Je ne sais comment vous osez parler de religion, lorsque toute votre conduite prouve qu'elle n'a pas de plus grand ennemi que vous.

Moi, mes amis, les officiers et les soldats de tous les corps, nous sommes pénétrés de l'obligation qui nous est imposée par notre conscience, de défendre, au prix de notre sang, le Roi, la religion, et de ne jamais consentir à rien qui ressemble à une transaction avec les principes que nous nous sommes engagés à soutenir. Le peuple s'unira à nous pour les mêmes vœux et les mêmes désirs.

Votre serviteur, etc.

JUAN ECHEVERRIA.

Santestevan, 26 août 1839.

Le 27, une circonstance assez importante eut lieu; et si je n'en avais pas les preuves en main, j'aurais hésité à la publier.

Aldave, chef de la ligne de la frontière, prévint le capitaine Lanz, gouverneur de Vera, qui avait pris parti avec les bataillons insurgés, qu'il désirait avoir une entrevue avec lui pour lui faire connaître les intentions du général Elio. Lanz se rendit au lieu désigné avec deux

officiers du 5.ᵉ : Aldave lui dit qu'Elio l'avait chargé de lui faire savoir qu'il avait 12 bataillons Navarrais et la cavalerie de ce royaume, et qu'il était prêt à se déclarer contre Maroto, sous la condition que la Navarre serait indépendante. Lanz et ses compagnons répondirent « qu'ils ne voulaient pas d'indépendance; que le 5.ᵉ et le 12.ᵉ étaient décidés à défendre leur Roi, dans la plénitude de ses droits, jusqu'à la dernière goutte de leur sang. »

Sans accuser Elio de duplicité dans ses rapports avec D. Juan Echeverria et les insurgés, on ne peut cependant s'empêcher de concevoir des soupçons contre lui lorsqu'on le voit entrer en pourparlers secrets avec quelques-uns des chefs de l'insurrection; plus tard leur donner des ordres officiels en sa qualité de commandant-général de Navarre, pour qu'ils couvrent des points qu'il leur désigne; prouvant ainsi qu'il ne les considère pas comme révoltés contre l'autorité de D. Carlos, mais au contraire comme des sujets soumis, des soldats disciplinés et obéissans; et, d'un autre côté, d'accord avec ses amis, répandre des bruits absurdes et défavorables à ces bataillons, et aigrir contre eux l'esprit de la princesse de Beyra, leur attribuant les intentions les plus infâmes, les plus criminelles.

Si l'insurrection eût été concentrée dans les

bataillons 5.e 12.e et 3.e de Navarre, on aurait pu avec raison la considérer comme ne représentant que l'opinion d'une très faible portion de l'armée; mais il n'en était pas ainsi. Indépendamment de l'adhésion envoyée à D. Juan Echeverria par la plus grande partie des autres bataillons navarrais, la garde royale, composée des fils des familles les plus influentes des Provinces et du royaume de Navarre, partageait les principes des insurgés, et était disposée à prendre les mesures les plus actives contre les marotistes, si l'ordre leur en était donné par D. Carlos.

Les personnes attachées au quartier-royal conçurent une telle frayeur des dispositions hostiles manifestées par la garde contre elles, que rien ne fut épargné pour la dissoudre, ou du moins pour en changer les commandans.

Le 28 D. Carlos arriva à Iraizos; le même soir il apprit que les officiers et sergens des bataillons insurgés s'étaient rendus auprès de D. Juan Echeverria pour lui faire part de leur intention de marcher sur le quartier-royal, et que celui-ci avait eu la plus grande peine à les en dissuader.

Le lendemain 29, à sept heures du soir, la garde royale d'infanterie et de cavalerie ayant été assemblée en face du palais, D. Carlos se présenta accompagné de son fils, du père Cy-

rille, des généraux Eguia, Villaréal, Valdespina, et de MM. Erro, Otal et Juras Reales, et
s'adressant aux soldats de la garde, il leur dit :
« C'est avec une vive douleur que j'ai appris
que ma garde, qui doit donner à toute l'armée
l'exemple de l'obéissance et de la subordination, puisque c'est à elle que la sûreté de ma
Royale personne est confiée, se montre hostile
à ceux qui m'entourent, et se répand contre
eux en menaces les plus criminelles. Votre Roi
vous demande s'il peut compter sur vous pour
sa défense et pour celle de ses serviteurs, dans
le cas où les bataillons insurgés marcheraient
sur le quartier-royal? » La garde royale répondit qu'elle était prête, alors comme toujours, à
mourir pour la *défense de son Roi.*

D. Carlos, en se retirant, ordonna aux commandans Arellano et Zarate de se présenter
au palais à 8 heures du soir, pour y être reçus en audience. Ils s'y rendirent, et trouvèrent D. Carlos entouré des mêmes hommes
qui l'accompagnaient auparavant; il les apos-
tropha sévèrement, leur disant qu'il les rendait responsables sur leur vie de tous les désordres qui pourraient avoir lieu dans le quartier-royal.

Villaréal, qui dissimulait avec peine sa haine
pour la garde royale, s'adressa aux commandans; et sans respect pour la présence de D.

Carlos et de la Princesse, il leur dit : « J'ai acquis la certitude que la garde royale menaçait d'assassiner plusieurs personnes du quartier-royal ; et je vous conseille de veiller sur vos soldats, parce que si j'entendais dire la moindre chose, je vous ferais fusiller tous deux. — Notre conduite a toujours été honorable, répondirent les commandans ; nous sommes militaires, et nous connaissons les devoirs que ce titre nous impose. Nous n'avons jamais manqué à l'obéissance qui est due au Roi et aux chefs honorés de sa confiance : mais vous n'ignorez pas, général, qu'il y a quelques individus dans le quartier-royal auxquels la fidélité de la garde déplaît, parce qu'elle est un obstacle à leurs projets : aussi voudraient-ils nous voir fusillés ou dissous. Ils savent que nous connaissons leurs mauvaises intentions, ils nous craignent, ils ont peur que la garde royale ne veuille se venger, ils cherchent à nous nuire dans l'esprit du Roi ; mais S. M. doit savoir que la garde lui a toujours été dévouée, et qu'elle est encore prête à verser jusqu'à la dernière goutte de son sang pour sa défense. »

Le même jour D. Juan reçut une lettre autographe de D. Carlos, datée de Latasa le 26, dans laquelle ce prince lui ordonnait d'obéir aux ordres qui lui seraient transmis par le commandant-général et le secrétaire-d'état, en mê-

me temps il le rendait responsable de tous les attentats qui pourraient être commis par les bataillons insurgés contre la famille royale ou toute autre personne du quartier-royal. D. Juan répondit que la haine conçue par les bataillons contre les hommes connus par leurs opinions marotistes était telle, qu'il ne pouvait en aucune manière être responsable de la conduite des soldats à leur égard; mais que quant à lui son obéissance et sa soumission aux désirs du Roi étaient toujours les mêmes.

Le 30 les soldats des bataillons insurgés parcoururent Vera en criant : « Marchons sur le quartier-royal, débarrassons-nous des traîtres marotistes! » Basilio Garcia s'élança au milieu d'eux, et, non sans courir de grands dangers, parvint à les calmer, et à leur faire comprendre que par cette conduite ils désobéissaient aux ordres du Roi. Les soldats, touchés de ses remontrances et de sa fermeté, rentrèrent dans leur quartier, aux cris de *Vive le Roi! Mort aux traîtres !*

Le 31 Elio prévint D. Juan qu'il avait reçu avis que la garnison d'Irun devait tenter une sortie, et qu'il était urgent que les 5.ᵉ et 12.ᵉ bataillons prissent position pour couvrir Vera et défendre la frontière. D. Juan fit de suite obéir aux ordres d'Elio; et lui-même, avec une seule compagnie, demeura à Lesaca,

pour conserver les communications avec le quartier-royal. Si Elio, qui alors devait être convaincu de la trahison de Maroto, se fût ouvertement déclaré contre ceux qui avaient aidé ce traître à l'exécution de ses projets, les insurgés se seraient mis sous ses ordres immédiats en s'incorporant avec le reste des bataillons de Navarre; mais la conduite ambiguë de ce général le rendit suspect; ils crurent qu'il appartenait au parti marotiste, et qu'il voulait forcer D. Carlos à passer en France.

Du 31 août jusqu'au 3 septembre tout resta dans le même état sur la frontière; plusieurs personnes passèrent par Vera se rendant en France, sans être inquiétées, entre autres le père Gil, les jésuites de Loyola, Mme Pilar Fulgosio (à laquelle D. Basilio donna une escorte, sur un ordre que D. Juan envoya de Santestevan à cet effet), le brigadier Abaurre, le colonel Gordillo, et quelques autres officiers.

Le 4, le général Elio transmit un ordre au commandant du 5.e bataillon, lui enjoignant de laisser librement passer tous ceux qui voudraient se rendre en France.

Le même jour le commandant Aguirre se rendit chez D. Basilio avec son frère, et lui dit : « Les officiers et soldats des bataillons sont furieux ; quoique Maroto ne soit plus parmi les carlistes, ils voient que la cause se perd de

jour en jour; ils voient que l'on ne prend aucune mesure pour réparer les maux que cette trahison nous a faits; ils voient enfin que Maroto n'est pas le seul traître, ceux qui entourent D. Carlos ne le sont pas moins. On pourrait encore nous retirer de l'abîme dans lequel nous sommes tombés, et cependant chaque instant nous y enfonce davantage : aussi sont-ils résolus à marcher sur le quartier-royal. Dans ce cas je prévois des malheurs : allez vous concerter avec D. Juan sur ce que nous pourrions faire pour les éviter. »

D. Basilio se rendit à Santestevan; il entretint D. Juan de ce qui se passait, devant le général Arroyo et autres; et il fut décidé que le lendemain le général Garcia retournerait à Vera, et emploierait tous les moyens pour calmer les esprits. En effet, il y réussit encore ce jour-là.

D. Juan arriva à Vera le 6, avec l'intention de passer en France, pour obéir à de nouveaux ordres de D. Carlos qui lui avaient eté transmis la veille par le général Mérino et M. Fontenebro; mais les commandans et officiers des bataillons 5.ᵉ et 12.ᵉ s'étant assemblés en junte, décidèrent de se mettre en marche le lendemain au point du jour pour Lecumberri, avec 9 compagnies, afin dirent-ils d'ouvrir les yeux à D. Carlos sur les dangers qui menaçaient sa

cause, et lui faire sentir la nécessité d'éloigner de sa personne et de ses conseils Eguia, Montenegro et autres. Après ce conseil ils se rendirent chez D. Juan, à qui ils firent part de ce qu'ils avaient arrêté, et l'engagèrent, ainsi que D. Basilio, à se mettre à leur tête. Ceux-ci refusèrent, et employèrent les remontrances et les prières pour les faire désister de leur dessein. Ce fut en vain; et ils se montrèrent si résolus dans la volonté qu'ils avaient manifestée de les emmener, que D. Juan et D. Basilio, craignant qu'ils ne se portassent à quelque excès contre eux-mêmes s'ils ne cédaient pas, promirent de les suivre, à condition qu'ils observeraient la plus stricte discipline, et obéiraient à tous leurs ordres.

Le même soir D. Juan et D. Basilio demandèrent à M. de Velasco (8) de les accompagner le lendemain dans leur marche sur Lecumberri, et il y consentit.

Le 7, à six heures du matin, les compagnies se mirent en marche : on dîna à Santestevan; et passant par Elorriaga, Iturzu, Zubieta et Zaldias, on arriva à Arraras à huit heures du soir : ce village est éloigné de Lecumberri seulement de deux lieues. De là D. Basilio envoya Nuñez, aide-de-camp du général Urauga, chercher le colonel Castillo, commandant d'un escadron de Castille, pour le prier

de se réunir aux bataillons. Cette démarche avait pour but de calmer l'irritation que les Navarrais nourrissaient contre les Castillans. La bonne intention du général fut couronnée de succès, les Castillans furent très bien reçus par les bataillons, et la nuit se passa fort tranquillement, *à deux lieues du quartier-royal.*

Au point du jour M. de Velasco partit pour Lecumberri, comme il en était convenu avec D. Juan et Basilio. A son arrivée dans cette ville, il fit demander une audience à D. Carlos. Admis en présence de ce prince, M. de Velasco lui dit qu'il était envoyé par les bataillons 5.ᵉ et 12.ᵉ pour lui porter l'assurance de leur dévouement et de leur fidélité, et le prier de leur permettre de se présenter devant lui. Il déclara que les bataillons s'étaient révoltés parce qu'ils avaient connu la trahison de Maroto ; que leur loyauté ne leur avait pas permis d'aider ce traître à exécuter ses infâmes projets, et qu'il aurait été à désirer que tout le monde eût agi comme eux ; mais que Maroto n'était pas le seul parjure, sans quoi depuis la consommation de sa perfidie on aurait déjà pris des mesures énergiques pour en prévenir les funestes conséquences, la perte de la cause, peut-être même celle de la personne de D. Carlos. M. de Velasco finit en le priant de recevoir D. Juan et D. Basilio, et de

vouloir bien passer les bataillons en revue.
D. Carlos paraissait disposé à accorder ce que
M. de Velasco lui demandait au nom des bataillons; mais la princesse de Beyra s'y opposa,
en disant qu'elle savait que les insurgés voulaient l'assassiner. En vain M. de Velasco lui
représenta-t-il qu'elle était trompée par ceux
qui avaient intérêt à empêcher D. Carlos d'être
éclairé sur leurs menées; en vain lui dit-il
qu'elle fesait injure à D. Juan, Basilio et lui, qui
auraient dû être à l'abri de pareils soupçons
par les services qu'ils avaient rendus à D. Carlos, et par le témoignage d'une vie honorable;
en vain se mit-il à ses genoux, en la priant de
ne pas contribuer à sa propre ruine : tout fut
inutile. M. de Velasco dut se retirer sans avoir
rien obtenu.

L'antichambre était remplie de monde, les
insultes les plus grossières étaient proférées
contre D. Juan, Basilio et les bataillons. M. de
Velasco prit leur défense; et la discussion s'é-
chauffant, Villaréal le menaça de le faire fusiller sur le champ. M. de Velasco sortit du palais, et s'en fut chez un ami, espérant que D.
Carlos ferait peut-être réflexion et le rappel-
lerait. En effet, peu après on vint le prier de
revenir; mais M. de Velasco répondit qu'il
ne reconnaissait plus le palais du Roi, qu'il s'é-
tait cru dans une taverne, qu'il y avait été in-

sulté et menacé, et ne pouvait y retourner sans danger. Peu après D. Carlos lui fit dire que si les bataillons et leurs chefs fesaient une exposition soumise et modérée dans laquelle ils lui soumettraient leurs demandes, il la recevrait.

Aussitôt que le général Eguia eut connaissance de l'approche des bataillons, il fit former les Alavais et celui de Cantabres. Le commandant de la garde royale s'étant présenté à lui sur la place il l'insulta, en lui disant qu'il allait les faire fusiller tous; et quoique le commandant protestât de son obéissance aux ordres du Roi, Eguia lui ordonna de remettre son commandement à son second D. Pio Louis de Berrueta. Le commandant se rendit de suite au palais, et informa D. Carlos de ce qui venait de se passer : celui-ci lui dit de reprendre son commandement, et que lui se chargeait de parler à Eguia (9). Un bataillon Alavais fut placé en avant du palais, et Villaréal ordonna de charger les armes; ensuite il fit former la garde en face de la porte du palais, et lui défendit de charger les armes. Enfin il plaça la dernière compagnie du bataillon fesant face à l'arrière-garde. Ces dispositions inquiétèrent la garde royale, qui, se voyant placée entre deux feux, crut qu'on voulait la sacrifier.

Pendant que ceci se passait à Lecumberri

les insurgés s'étaient avancés jusqu'à Aldaz, à demi-lieue de cette ville. Là D. Juan et D. Basilio firent faire halte, pour donner à M. de Velasco le temps de remplir sa mission; mais les compagnies se mutinèrent, disant que cette mission n'avait d'autre objet que d'avertir les traîtres et les faire échapper. D. Juan leur rappela leurs promesses de lui obéir et de ne se livrer à aucun excès; cependant il fallut recommencer à marcher jusqu'à la vue de Lecumberri, où on fit halte de nouveau. Quelques instans après Crespi, aide-de-camp du général Eguia, se présenta; il venait reconnaître quelle était la troupe qui s'avançait, et savoir de qui elle en avait reçu l'ordre; on lui répondit que c'était des compagnies des fidèles 5.e et 12.e qui venaient prier D. Carlos de chasser d'auprès de lui ceux qui le trahissaient, et qu'on attendait les ordres de ce prince, à qui on avait envoyé un député. Crespi se retira, et peu après M. de Velasco arriva portant la réponse de D. Carlos.

Pendant qu'on était occupé à écrire l'exposition demandée par D. Carlos, Crespi revint vers les troupes, et leur ordonna de se retirer dans leurs cantonnemens s'il était vrai qu'elles reconnussent l'autorité du Roi. On lui répondit qu'on était en communication directe avec D. Carlos, à la volonté souveraine duquel on était

prêt à obéir. D. Juan demanda à Crespi quel était le général qui donnait ainsi des ordres : celui-ci ayant répondu que c'était Eguia, D. Juan lui dit : « Nous n'obéirons pas à Eguia, car il trahit son Roi. » Crespi se retira, et le commandant Castillo et un autre officier furent envoyés au palais savoir les dernières volontés de D. Carlos. Mais avant leur retour D. Juan et D. Basilio firent rétrograder leurs troupes, car ils virent que Villaréal fesait avancer des bataillons qui manœuvraient de manière à les prendre par derrière, et d'autres en front; et voulant éviter une collision, ils défendirent aux soldats de tirer un seul coup de fusil, même s'ils étaient attaqués, pour ne pas confirmer la Princesse dans l'idée qu'ils étaient venus pour l'assassiner.

A peine la retraite était-elle commencée que les Alavais qui étaient à l'avant-garde joignirent l'arrière-garde du 5.ᵉ, et crièrent : « *Vive le Roi!* « *Mort aux traîtres! Marchons, marchons sur* « *Lecumberri, et arrachons-en tous ceux qui* « *trahissent notre Roi.* » D. Basilio et D. Juan firent les plus grands efforts pour retenir les soldats du 5.ᵉ, dont la résolution s'augmentait en se voyant soutenus par les Alavais qui avaient été envoyés pour les combattre; ils y réussirent, et les bataillons continuèrent leur marche jusqu'à Arraras, où ils restèrent pour passer la

nuit. Les deux officiers envoyés par D. Juan et D. Basilio furent admis par D. Carlos; mais Eguia, Villaréal et Elio, qui étaient présens, se mirent dans une telle colère, les menaçant de les fusiller ainsi que tous les soldats des 5.e et 12.e qui seraient trouvés hors de leurs cantonnemens, que ces officiers se virent forcés de se retirer sans avoir pu parvenir à se faire entendre.

D. Carlos quitta Lecumberri le 8 pour se porter sur Elissondo. En arrivant à Iraizos, Villaréal dit au commandant de la garde Zarate, que la volonté de D. Carlos était qu'il remît le commandement à son second : Zarate obéit, et demeura hors de son emploi jusqu'au 11. Ce jour-là Villaréal lui ordonna de reprendre son commandement, qui ne lui avait été ôté que parce qu'on le soupçonnait d'être en relations avec D. Juan et le 5.e, et qu'on avait craint son influence sur la garde.

Le 9 au soir les bataillons 5.e et 12e arrivèrent à Santestevan; D. Juan et D. Basilio haranguèrent les troupes, et les louèrent de leur obéissance et de leur bonne conduite. L'exposition demandée par D. Carlos fut faite et envoyée.

Le 10 tout le monde étant de retour à Vera, le curé d'Elissondo y arriva vers midi; il était envoyé par D. Carlos pour dire à D. Juan, Basilio et aux frères Aguirre, qu'il désirait qu'ils

retournassent en France, et que lorsqu'il aurait besoin d'eux il les ferait venir auprès de lui; ils répondirent tous qu'ils n'avaient d'autre volonté que celle de leur Roi, et qu'ils étaient toujours prêts à lui obéir.

Le 11 les officiers des bataillons s'assemblèrent, envoyèrent chercher le curé d'Elissondo, et le prièrent de dire à D. Carlos, en leur nom, qu'ils ne permettraient pas à ces messieurs de partir, qu'ils désiraient au contraire que D. Carlos rappelât tous ceux qui avaient été exilés par Maroto; car leur fidélité était aussi démontrée que la trahison des autres. Ils ajoutèrent que quoiqu'ils n'eussent pas de confiance dans Elio, ils lui obéiraient, puisque tels étaient les désirs de D. Carlos.

D. Basilio et D. Juan se rapprochèrent de la frontière de France dans l'espoir de pouvoir la franchir, mais la surveillance exercée par les soldats était telle pour empêcher ce qu'ils appelaient déserter la cause, qu'ils ne purent effectuer leur projet.

Dans l'après-midi du 12 D. Juan reçut du vicaire d'Elissondo la lettre suivante :

Elissondo, 11 Septembre,
11 heures du soir.

Je ne vous ai pas écrit de suite, mon cher ami, parce que S. M. m'avait dit qu'elle me ferait appeler.

Tout-à-l'heure S. M. m'a envoyé chercher, et m'a dit que vous et D. Basilio pouviez lui adresser une respectueuse pétition écrite avec beaucoup de modération, dans laquelle vous lui demanderez la permission de rester en Espagne. S. M. dit qu'il faut d'abord chasser l'ennemi; que pour cela l'union la plus étroite doit régner entre tous les carlistes et surtout parmi les troupes sous les ordres d'Elio. S. M. autorise les Aguirre à lui faire la même demande. Quant à l'éloignement des personnes qui entourent S. M., demandé par les bataillons, l'affaire ne se présente pas si mal, ni pour le reste non plus.

Votre serviteur et ami,

JUAN NICOLAS.

Les bataillons insurgés reçurent ordre d'Elio de se rendre sur un point désigné, après avoir laissé un nombre de troupes suffisant à Vera pour défendre la ville en cas d'attaque. Les officiers se réunirent en junte, et il fut décidé qu'on obéirait à cet ordre.

Le 13 les bataillons 5.e et 12.e partirent de Vera selon les ordres d'Elio, laissant dans cette ville deux compagnies pour sa défense.

Le même jour les christinos entrèrent à Santestevan, en passant par les ports de Doña Maria et de Velate, que le commandant en chef carliste, par une négligence bien coupable, n'avait pas fait occuper.

Le 14 D. Juan Echeverria, le général Basi-

lio Garcia, M. de Velasco, et les bataillons insurgés, entrèrent en France.

Ainsi finit l'insurrection de Vera; elle avait
commencé dans l'intention loyale et patrioti-
que de sauver la cause carliste et la personne
de D. Carlos. L'entrée de ce prince en France
a réalisé les justes craintes des exilés et de
tous les vrais royalistes.

Si D. Carlos avait suivi les conseils des exilés, au lieu d'être aujourd'hui l'hôte de la
France, il serait encore à la tête de sa vaillante
armée, et Espartero renfermé derrière ses lignes et les murs de ses forteresses.

Mais les généreux efforts des exilés ont été
déjoués par ceux qui ligués avec Maroto avaient
intérêt à ce que la vérité n'arrivât pas jusqu'à
ce malheureux prince. Chaque fois que les
exilés élevèrent la voix pour lui faire connaître
les trafics honteux dont lui et sa cause allaient
être victimes, chaque fois les appuis du traître
lançaient au nom de D. Carlos des décrets et
des proclamations les accusant d'être d'accord
avec les christinos et le gouvernement Français! et non contens d'irriter contre les exilés
les populations Basques, ils remplissaient les
colonnes des journaux légitimistes de France
des éloges les plus pompeux de Maroto, attribuant à la malveillance des exilés les bruits
absurdes de transaction. C'est ainsi que Maroto

acquit et conserva la force morale nécessaire pour exécuter sa trahison si long-temps méditée, c'est ainsi que l'esprit de la princesse de Beyra et d'une partie de la population des Provinces fut aigri contre les exilés.

Les exilés voulaient purifier le quartier-royal et l'armée, ils voulaient nettoyer ces nouvelles étables d'Augias; moins heureux qu'Hercule ils succombèrent dans l'entreprise, non que la justice fût contre eux, non que D. Carlos s'opposât à leur désirs, mais parce qu'on avait alarmé et prévenu la princesse de Beyra. Par un système de terreur on empêchait les véritables amis de D. Carlos de se prononcer ouvertement, et par l'espionnage et la surveillance, la vérité de parvenir jusqu'à lui. Les chances n'étaient pas égales, les exilés étaient en France, les marotistes tout-puissans dans le palais: aussi les premiers ont-ils échoué, quant aux autres leur victoire à été complète !

Une consolation reste cependant à ceux qui ont pris part dans l'insurrection de Vera, ils peuvent se présenter partout le front levé; ils ne sont pas même obligés d'avoir recours à cette misérable excuse : « Nous avons été trom« pés jusqu'au dernier moment par Maroto. » Ceux qui ont dirigé la cause carliste depuis le mois de février dernier peuvent-ils en dire autant? Non ! ministres, généraux et conseillers,

tous sont forcés de s'unir pour répéter ce cri
unanime, mais faux : « Nous avons été trompés
« par Maroto jusqu'au dernier moment. »

Les marotistes craignent la rude franchise de
D. Juan Echeverria et de D. Basilio Garcia ; ils
craignent leur inviolable loyauté, et saisissent
toutes les occasions de leur nuire dans l'opinion
publique ; les excès commis par les bataillons
insurgés leur sont attribués ; ils sont accusés
d'avoir permis, peut-être même pris part à des
vols, des assassinats et autres crimes horribles :
cependant rien n'est plus faux, les marotistes
le savent bien, mais il convenait à leurs vues
de s'emparer de ces infamies, ils n'ont eu garde
d'y manquer.

Il n'y a pas de doute que les bataillons insurgés, exaspérés par les preuves de trahison
qui se dévoilaient chaque jour, ont maltraité
et dépouillé ceux qu'ils soupçonnaient d'être
marotistes, ou qu'ils accusaient, leur voyant
passer la frontière, d'abandonner la cause de
leur Roi ; mais qui pourrait rendre D. Juan et
le général Garcia responsables des excès commis par les bataillons insurgés ? A-t-on jamais
pensé à accuser Espartero de complicité dans
les assassinats de Saarsfield, Mendivil, Esca-
lera et autres ? Mirasol est-il responsable des
scènes honteuses d'Hernani ? Maroto l'est-il des
atrocités commises par ses bataillons favoris à

Azcoitia? Non, sans doute; et en lisant les pages qui précèdent, on a vu que D. Juan Echeverria et D. Basilio Garcia, bien loin d'encourager les désordres, ont fait tout ce qu'ils pouvaient humainement pour les prévenir, même au péril de leur vie. C'est ainsi qu'ils fesaient passer en secret, pour les sauver de la fureur des soldats, des personnes dont la haine pour les exilés était bien connue. Il faudrait demander au capitaine Goizueta des détails sur la mission qu'il est venu remplir à Vera; qu'il dise surtout par qui il était envoyé, alors la vérité serait connue, et les criminels pourraient être livrés à l'indignation publique.

Quels ont été les assassins du général Moreno (10)? Qui distribua de l'argent pour cet horrible attentat? Où les assassins, les mains encore dégouttantes du sang de cet ami dévoué de D. Carlos, de cet ennemi déclaré de Maroto et des siens, se sont-ils réfugiés? dans le camp des insurgés? non : là ils auraient reçu le châtiment dû à leur crime. Et cependant on n'a pas rougi d'attribuer à D. Juan et à ses amis cet épouvantable guet-apens!!!

Quels furent les instigateurs des vols commis par les troupes débandées de Guipuzcoa; car personne n'ignore que la plus grande partie des excès commis doit être attribuée à ces hommes? Ceci est encore un secret, espérons que le temps le dévoilera!

D. Juan Echeverria et le général D. Basilio Garcia n'ont rien à se reprocher, leur conscience est pure. Leurs accusateurs peuvent-ils en dire autant?

CHAPITRE IV.

Lᴇs Basques Espagnols sont un des peuples les plus originaux et peut-être des moins démoralisés de l'Europe.

Un grand nombre d'entre eux, plutôt par amour du travail que par besoin, s'embarquent pour les Amériques du Sud, et y amassent des fortunes considérables : malgré cela l'amour du pays natal existe toujours en eux, mais sans produire cet abattement, cette tristesse que l'on remarque généralement dans les émigrés des autres nations ; et si les Basques ont l'ambition d'améliorer leur existence, on ne les voit cependant jamais prendre du service dans les armées d'aucune puissance étrangère.

Les Basques diffèrent autant du reste de l'Espagne par le caractère que par les lois qui les régissent, et qui sont particulières à leur pays; ces lois sont connues sous la dénomination de *fueros*; elles les rendent indépendans, en sorte qu'ils forment une nation à part : ces *fueros* sont garantis par des traités consentis avec les rois de Castille, et qui sont solennellement jurés lors de l'accession au trône de chaque nouveau souverain. Aucun peuple ne fait preuve d'un aussi ferme attachement pour ses droits et priviléges, pour la défense desquels ils luttèrent contre les Romains et les Francs; ils ne se montrèrent pas moins braves sur mer, car Washington parle d'une bataille navale qu'ils soutinrent contre les Anglais le 28 août de l'année 1350.

Les Basques conservent une si grande vénération pour leurs anciens usages et pour les actions mémorables de leur histoire, qu'encore aujourd'hui les habitans de Vérastégui célèbrent l'anniversaire de la bataille de Beotivar, gagnée par les Guipuzcoans sur les Navarrais le 24 juin 1321. Ce jour-là ils portent processionellement de grands bâtons en mémoire des armes avec lesquelles leurs ancêtres battirent leurs ennemis.

Ainsi que leur nom le prouve, les Basques sont les Vascons des anciens; ce mot est dérivé

de leur idiome, car *Vasco* en Basque veut dire une montagne, et *Vascon* un montagnard.

De temps immémorial les Basques ont été regardés comme un peuple brave, fier et entêté; toujours prêts à sacrifier leurs vies pour la défense de leurs droits et la protection de leurs compatriotes, ils sont si unis entre eux, qu'il existe comme une espèce de confraternité qui fait qu'ils se prêtent aide et secours partout où ils se rencontrent en pays étranger.

Les sentimens qui animaient les Basques du 14.ᵉ siècle vivent dans les cœurs de leurs descendans; aussi, lorsqu'ils se décidèrent en faveur de D. Carlos, ils prirent les armes pour assurer son triomphe.

Ferdinand VII mourut le 29 septembre 1833, et le 6 octobre le brave Alzàa quittait Oñate à la tête d'une compagnie de volontaires royalistes aux cris de *Viva Carlos 5.º !* pour aller à Segura se mettre sous les ordres de Lardizabal. L'exemple donné par ces deux villes fut bientôt suivi; le 9, les mêmes cris retentissaient à Azpeitia, le 11 à Irun, Hernani et Astigarraga, le 16 à Oyarzun et dans le reste de la province; mais les christinos ayant mis des garnisons dans les principales villes, le peuple fut contenu. L'immortel Zumalacarrégui, par ses victoires, dégagea le pays, et on n'entendit plus dans tout le Guipuzcoa que les cris de *Viva el Rey ! Viva la Religion !*

On a si souvent parlé de la valeur des Guipuzcoans, qu'il est inutile d'entrer dans aucuns détails sur leurs faits d'armes. La légion commandée par Evans n'oubliera de long-temps la réception qui lui fut faite dans cette province (1).

On a dit que les Basques s'étaient révoltés contre le gouvernement d'Isabelle pour la conservation de leurs *fueros*, et qu'ils ne se rangèrent sous l'étendard de D. Carlos que parce que ce prince avait promis de les leur garantir. Ceux qui connaissent l'histoire de la guerre civile savent qu'il n'en a pas été ainsi : il est vrai que les Basques n'ont jamais pensé à renoncer à leurs *fueros*, mais il l'est également que dès le principe de l'insurrection les cris de *Viva el Rey! viva la Religion!* se sont toujours fait entendre : jamais le peuple n'a crié *viva los fueros!* et les *fueros* ne pouvaient servir de prétexte pour l'insurrection, car lorsqu'elle éclata ils n'étaient nullement menacés, puisque la reine Christine, dans le manifeste donné par Zea Bermudez le 3 octobre, déclarait vouloir conserver et transmettre à sa fille Isabelle le royaume gouverné par les mêmes lois, et dans le même état qu'elle l'avait reçu du Roi Ferdinand VII.

Si l'on doutait encore des véritables motifs qui amenèrent l'insurrection des Provinces, il

suffirait de lire attentivement la proclamation suivante, publiée par ceux qui se mirent à la tête de cette insurrection; on y chercherait en vain un mot qui eût le moindre rapport aux *fueros* : au contraire, il ressort de sa lecture, que la députation formée en Biscaye appelle le peuple à soutenir les droits de D. Carlos, et l'engage à unir ses efforts à ceux du reste de l'Espagne pour placer ce prince sur le trône de Saint-Ferdinand.

PROCLAMATION.

BISCAYENS, une faction anti-religieuse, anti-monarchique, s'est emparée du pouvoir pendant la longue maladie de notre Roi défunt, et cherche à obtenir de l'ascendant pour nous exposer sans défense aux empiètemens de la révolution et de l'anarchie, que nous avons abattues en 1823. Ses partisans affectent de regarder les lois anciennes et fondamentales du royaume comme abrogées par d'autres nouvelles; et après avoir altéré l'ordre de succession au trône avec une audace dont l'histoire n'offre pas d'exemple, ils veulent rendre l'Espagne complice dans leurs abominables conspirations que la propagande révolutionnaire invente pour la destruction de l'ordre social en Europe. Des intrigues publiques et privées sont ourdies dans ce but; et la fidélité si renommée de ce glorieux pays ne peut échapper à leurs ramifications.

BISCAYENS, la loyauté qui anime vos cœurs était contenue tant que l'existence du Monarque opposait une barrière à la manifestation de vos opinions; mais

lorsque la Providence a jugé convenable de l'appeler à une meilleure vie, vous avez été électrisés par le patriotisme le plus noble et le plus pur; et rompant les chaînes de l'esclavage que l'on voulait vous imposer, vous avez proclamé votre souverain légitime, le magnanime et vertueux D. CARLOS MARIA ISIDRO DE BOURBON, qui vous est apparu entouré de l'amour de tous les Espagnols, pour cicatriser les plaies que le mauvais génie destructeur de l'ordre social vous a faites

BISCAYENS, persévérez, ainsi que tous les bons Espagnols, dans votre courageuse résolution. La députation qui est à votre tête donnera le signal à votre zèle, à votre enthousiasme. Et quand vos efforts, unis à ceux du reste de l'Espagne, auront réussi à placer sur le trône de Saint-Ferdinand notre bienaimé monarque D. Carlos 5.º, quel bonheur sera le vôtre! vous prouverez au monde entier que vous n'avez pas dégénéré, que vous êtes les dignes descendans de vos illustres et intrépides ancêtres.

Le marquis de VALDESPINA;
L. Xavier de BATIZ;
Fernando de ZABALA.

Bilbao, 5 Octobre 1833.

Aussitôt que la mort de Ferdinand fut connue en Alava, une junte se forma et publia la proclamation suivante:

PROCLAMATION.

ALAVAIS, vous êtes appelés à défendre notre sainte

religion, et le trône de notre auguste et légitime monarque D. Carlos 5.º, contre la rage des libéraux, qui veulent la ruine de votre pays : j'espère que, fidèles à votre religion, vous ne négligerez aucun des moyens en votre pouvoir pour exterminer cette faction libérale, qui, depuis la mort de votre Roi notre bienaimé Souverain, a foulé aux pieds son dernier testament, et veut vous imposer le joug d'une Reine que des conseillers pervers entraîneront à sa perte, à moins qu'elle ne résigne l'autorité qu'elle a usurpée, et la rende à notre monarque actuel D. Carlos 5.º

Soyons fermes, soyons unis. Opposons la force à la force, et continuons jusqu'à ce que notre Roi soit installé à Madrid.

Valentin Verastegui.

Il est tellement vrai que les *fueros* n'étaient pas en question, que Zumalacarregui, dans une des premières lettres qu'il écrivit à D. Carlos, ce prince étant en Portugal, l'engage à venir dans les Provinces; mais il ne parle pas des *fueros*; il lui dit que le peuple l'a proclamé Roi, et combat pour lui faire recouvrer le trône de ses pères.

Voici la copie de cette intéressante pièce :

Huarte-Araquil, 19 Mai 1834.

Sire,

Ecoutez la voix de vos fidèles sujets : l'épée de la justice est sortie du fourreau, tous les Navarrais se sont soulevés en votre faveur, et n'attendent que votre

présence dans votre fidèle royaume de Navarre pour entourer et défendre le trône que vous élèverez au milieu d'eux. Jamais il n'y eut des cœurs plus remplis d'enthousiasme; profitez-en, Sire, car s'ils ne vous voyaient pas ils pourraient se décourager.

Lors même que vous ne pourriez compter que sur les efforts de la Navarre et des provinces Basques, croyez-moi, Sire, quoique limités, ils ne seraient pas vains. Venez, ne craignez rien : ici, au milieu de nous, votre front sera orné de la couronne du royaume de Navarre; et si son territoire est peu étendu, ses habitans sont loyaux et héroïques. Toutes les nations vous respecteront; vous serez reconnu comme Roi, et un peuple de braves périra jusqu'au dernier homme avant de permettre qu'il vous arrive aucun mal; enfin, Sire, vous soutiendrez votre dignité, et serez proclamé par tous pour leur Roi : Votre Majesté recouvrera ainsi le trône de Saint Ferdinand.

Nos consciences et notre honneur nous obligent, Sire, à vous prier de venir au milieu de nous. Votre présence suffira; si vous mettez une fois le pied sur le sol Navarrais ou sur les côtes du Guipuzcoa vous serez en sûreté; nous irons tous vous recevoir. À votre arrivée sur le territoire Espagnol vous aurez auprès de vous 10,000 bayonnettes, qui sont entre les mains d'un pareil nombre de braves soldats, et quelques jours suffiront pour en ajouter d'autres. Puisse cet heureux moment être proche; et il arrivera, parce que les vertus de V. M. seront récompensées par la protection Divine.

Vos armes, Sire, ont complètement triomphé le

22 avril dernier de l'ennemi commandé par Quesada : le premier bataillon de Navarre a suffi seul pour mettre en déroute deux mille grenadiers de la garde que Quesada avait avec lui. Le 24 du même mois son armée a encore été battue.

J'entrerais avec plaisir, Sire, dans des détails; mais cela est impossible, nous sommes encore dans l'incertitude de savoir si mon humble lettre du mois d'avril dernier, que j'ai envoyée par le fournisseur de couvertures, est arrivée entre les mains de Votre Majesté.

Dieu conserve la précieuse vie de Votre Majesté, et l'amène heureusement parmi nous pour notre bonheur.

Tomas Zumalacarregui.

Dans la proclamation suivante, publiée par D. Carlos pendant qu'il était encore en Portugal, il n'est pas fait mention des *fueros*; et cependant elle fut reçue avec le plus grand enthousiasme dans les Provinces, où on la fit réimprimer et circuler avec rapidité.

Charles V, Roi d'Espagne, a ses sujets bien-aimés.

Mes droits à la couronne d'Espagne sont connus de toute l'Europe, et je suis si bien convaincu des sentimens qui animent le peuple Espagnol, que je ne m'arrêterai pas à les exprimer. Fidèle, soumis et obéissant comme le dernier de ses sujets à mon frère défunt, dont la perte, ainsi que les circonstances qui

l'ont accompagnée, remplit mon cœur de chagrin, j'ai tout sacrifié, ma tranquillité, celle de ma famille, j'ai bravé tous les dangers pour lui prouver ma soumission respectueuse à ses volontés; donnant ainsi des preuves de mes principes religieux et moraux, que j'ai peut-être même, selon l'opinion de plusieurs, poussés trop loin : mais je ne pense pas que l'on puisse jamais faire trop, lorsqu'il s'agit de la paix et du bonheur de notre royaume.

Je suis maintenant votre Roi; et en me présentant à vous pour la première fois sous ce titre, je ne doute pas que vous n'imitiez mon exemple dans l'obéissance qui est due aux princes qui occupent légalement le trône. J'espère donc que vous viendrez vous ranger tous sous ma bannière, et vous rendrez ainsi dignes de mon estime et de mes bienfaits; mais sachez en même temps que le poids de ma justice tombera sur ceux qui, déloyaux et désobéissans, refuseraient d'écouter la voix d'un Souverain et d'un père dont le seul désir est de les rendre heureux.

15 Octobre 1833.

Les Basques, en se soulevant en faveur de D. Carlos, risquèrent leurs *fueros*, ils s'exposaient à la vengeance du gouvernement qu'ils refusaient de reconnaître. Qui aurait osé prédire à cette époque que des scènes comme celles de la Granja et de Barcelonne auraient lieu, et qu'elles amèneraient la proclamation de la constitution ? Les Basques pouvaient-ils deviner que l'Espagne serait protégée par un

lord Palmerston, et que le résultat de cette protection se traduirait par le changement de toutes les lois fondamentales de l'ancienne monarchie Espagnole ? Non : les Basques sont des hommes droits et francs; ils regardaient D. Carlos comme leur souverain légitime, et c'est pour cela qu'ils prirent les armes pour le soutenir.

Les Basques ont considérablement souffert pour la cause qu'ils s'étaient promis de défendre. Toute autre nation aurait succombé; et s'ils n'avaient consulté que leurs intérêts privés ils auraient déposé les armes peu après les avoir prises, car chaque nouveau général envoyé par le gouvernement de Madrid, en infligeant des châtimens aux Provinces soulevées, leur offrait en même temps la garantie des *fueros* s'ils renonçaient à soutenir les prétentions de D. Carlos. En novembre 1833 le général Castañon, alors capitaine-général de Guipuzcoa, suspendit les *fueros* pour la première fois, et seulement pour les villes et villages qui avaient épousé la cause de D. Carlos. Cette menace n'ayant produit aucun effet, Castañon, le 3 décembre de la même année, publia un nouvel ordre dans lequel on trouve les articles suivans :

Tout individu qui recèlera des munitions ou de l'argent appartenant aux insurgés, sera fusillé sur-lechamp.

Si l'on fait feu de quelque maison sur les troupes de la Reine, la maison sera immédiatement brûlée.

Tout individu qui fera partie d'une troupe de moins de 5o hommes armés, et qui sera pris à un quart de lieue de la grande route, sera considéré comme brigand, et fusillé.

Quiconque interceptera un courrier du gouvernement sera fusillé.

Les propriétés des absens seront confisquées.

Tout individu qui se refusera à porter des dépêches ou messages des ayuntamientos au quartier-général, sera condamné à deux ans de travaux forcés.

Toute femme qui, par parole ou par action, favorisera les rebelles, sera mise en réclusion, etc. etc.

Des proclamations semblables furent publiées dans la Biscaye, en Navarre et en Alava : le seul effet qu'elles produisirent fut de grossir les rangs de l'armée de D. Carlos.

Le peuple conçut une telle haine pour le gouvernement d'Isabelle, que les hommes abandonnaient leurs maisons, leurs femmes et leurs enfans, et allaient s'incorporer dans les bataillons carlistes. Au mois de juin 1834 me trouvant en Guipuzcoa, je rencontrai un riche fermier, et désirant savoir quel effet produirait sur lui la nouvelle du départ de D. Carlos du Portugal, je lui dis : « Eh bien ! D. Carlos s'est donc em-
« barqué pour l'Angleterre ? — Nous nous y
« attendions depuis long-temps, me répondit-

« il, mais c'est pour le bien de notre cause ; et
« lors même qu'il nous abandonnerait tout-à-
« fait, nous en trouverions un autre. Dans au-
« cun cas, nous ne voulons être gouvernés par
« une femme. » Il ne fut pas même question
des *fueros :* la seule idée qui occupait alors le
peuple, était la possibilité de la perte de D.
Carlos, et la ferme résolution de ne pas obéir à
Isabelle.

Le 9 juillet 1834 D. Carlos entra dans les Provinces ; il fut reçu avec le plus grand enthousiasme aux cris de *Vive le Roi ! vive Charles V !* ;
on ne cria point *Vivent les fueros*. Depuis ce
moment jusqu'à celui où D. Carlos devint maître des Provinces, la conduite des habitans fut
au dessus de tout éloge ; ils lui donnèrent les
moyens de toujours échapper aux actives pour-
suites des généraux christinos : et cependant
l'assistance qu'ils donnaient à D. Carlos n'était
pas sans danger, plusieurs d'entre eux furent
victimes de leur dévouement à sa personne.

La conduite barbare de Mina, vice-roi de
Navarre, ses proclamations, surtout celle du
4 novembre 1834, exaspéra le peuple et augmenta sa haine pour le gouvernement christino. Le dernier paragraphe de cette pièce était
ainsi conçu :

Je préviens que tout individu que les troupes trouveront à quelque distance de la grande route avant

le lever du soleil et après son coucher, et qui ne pourra donner des raisons valables à son absence de son domicile, sera fusillé sur le champ.

Le 5 mars Mina publia encore une proclamation plus forte que celle qui précède; on y trouve les paragraphes suivans :

Toute maison dans laquelle un carliste aura trouvé asile sera immédiatement brûlée.

Tous les villages dont les habitans fuiront à l'approche des troupes de la Reine, seront également livrés aux flammes.

Tout habitant qui quittera sa maison à l'approche des troupes de la Reine sera fusillé.

A mesure que Mina acquérait la conviction de son impuissance, sa rage augmentait, et le style de ces proclamations s'en ressentait. C'est ainsi qu'au mois d'avril il en publia une troisième dont les dispositions pénales sont si horribles, que l'on a de la peine à se persuader qu'elle a été publiée de nos jours. En voici quelques articles :

Les habitans du royaume de Navarre sont prévenus que si, dans le terme de huit jours, ceux qui ont pris les armes en faveur de D. Carlos ne sont pas rentrés dans leurs maisons, les pères de ces rebelles seront de suite arrêtés, ainsi que les autorités des villages auxquels ils appartiennent; et réunis ensemble on tirera au sort pour en fusiller un sur cinq : indépen-

damment de cela leurs maisons seront réduites en cendres.

Le même châtiment sera appliqué aux médecins et chirurgiens qui donneront des soins aux blessés carlistes, et aux apothicaires qui leur fourniront des médicamens, etc. (2).

Ce qui précède doit avoir convaincu le lecteur que dans l'insurrection des Basques et Navarrais la conservation des *fueros* ne jouait pas le principal rôle; car s'il en eût été ainsi, ils les auraient acceptés lorsqu'ils leur étaient offerts par le gouvernement de Madrid, et auraient par ce moyen mis un terme à la guerre et aux abominables tortures qui leur étaient infligées par suite de leur refus d'obéir au gouvernement christino.

J'ai cru devoir entrer dans ces détails pour montrer quel était le véritable objet de l'insurrection des Basques et des Navarrais; maintenant je vais dire quelques mots sur le Guipuzcoa, les bataillons de cette province ayant pris une part très active dans les derniers événemens.

Il n'y a pas de doute que les charges qui pesaient sur le peuple des Provinces par suite de la guerre étaient bien lourdes, et que beaucoup de privations en étaient la conséquence naturelle; cependant ces souffrances n'étaient pas assez fortes pour abattre leur noble courage.

Bien des tentatives ont été faites depuis 1835 par les agens du gouvernement christino pour séduire les braves volontaires de Guipuzcoa, mais toujours sans succès : le colonel Wylde, commissaire Anglais, s'en mêla plusieurs fois, mais il fut toujours repoussé avec indignation. La levée de drapeau de Muñagorri était une des inventions du colonel Wylde; lui et ses protégés promirent des merveilles aux gouvernemens Anglais et Espagnol; si l'argent ne manquait pas, toute la population Basque devait accourir se ranger sous la bannière de *Paz y Fueros*. Etant parvenu à se mettre en correspondance avec le traître Iturbe, Wylde se croyait si sûr du succès, qu'il avait persuadé à lord John Hay que tous les bataillons de la Province étaient prêts à abandonner la cause de D. Carlos. Lord John Hay, en homme prudent, voulut s'assurer par lui-même de la vérité de ces assertions; à cet effet il envoya un message au général Iturriza, commandant-général de Guipuzcoa, lui demandant une entrevue. Iturriza, étant malade, envoya à sa place à Passages le brave brigadier Alzàa, son chef d'état-major, accompagné d'Iturbe et d'un interprète. Arrivés à Passages ils trouvèrent lord John Hay, qui avait avec lui M. Queheille, négociant de Saint-Sébastien, pour lui servir d'interprète.

Les chefs carlistes s'étaient imaginés que

lord John Hay désirait entrer dans quelque arrangement pour faire exécuter le traité d'Elliot ; mais aussitôt que sa seigneurie fit mention du nom de Muñagorri, Alzàa rompit la conférence, et lui dit « qu'il était sincèrement attaché à son « Souverain, que lui ainsi que tous les soldats « étaient sûrs du triomphe de la cause qu'ils « défendaient et qu'ils étaient décidés à dé- « fendre jusqu'à la dernière extrémité. » Après cela les chefs carlistes retournèrent à Andoain.

Dès ce moment Muñagorri perdit tout prestige dans l'esprit de lord John Hay ; et quoiqu'il dût, pour obéir aux ordres de lord Palmerston, lui fournir des armes, de l'artillerie et des munitions, il n'avait plus la moindre confiance dans cette fameuse entreprise, qui devint un sujet de risée pour tous les partis.

Si les Basques ne s'étaient soulevés que pour leurs *fueros*, auraient-ils négligé ce moyen de se les assurer sans combattre plus long-temps ? Non sans doute, car avec la puissante protection de lord John Hay et de lord Palmerston, ils pouvaient se les faire garantir ; loin de là, ils montrèrent dans cette circonstance que leur attachement pour D. Carlos était aussi fort que jamais.

Depuis l'échec de la tentative de Muñagorri, le traître Iturbe, secondé par son frère, qui résidait à Saint-Sébastien, continuait ses intrigues

pour semer la corruption dans les bataillons :
on distribuait de l'argent aux soldats, et on
les accoutumait à entendre répéter sans cesse
« qu'il était impossible d'en finir par la force
« des armes; qu'il était inutile de verser davan-
« tage de sang Espagnol; que si les Basques
« avaient leurs *fueros* garantis, ce serait une
« folie de continuer la guerre, surtout pou-
« vant obtenir une paix honorable, etc. etc. »

Lorsque les instrumens de Maroto (Iturriaga
et Iturbe) virent que les volontaires entendaient
ces remarques sans colère, ils commencèrent
à dire que D. Carlos lui-même était convaincu
de la nécessité d'en venir à une transaction pour
terminer la guerre, qui sans cela serait éternelle, et qu'il avait autorisé Maroto à entrer en
arrangement avec Espartero; mais que les principes pour lesquels les Basques avaient pris les
armes ne seraient jamais compromis. Ces manœuvres réussirent, les bataillons devinrent
transactionnistes; et tous ceux qui, connaissant la perfidie de Maroto, cherchèrent à lui
arracher le masque avec lequel il couvrait sa
trahison, furent considérés par les soldats comme ennemis de D. Carlos, et désobéissant à
ses volontés.

Le passage suivant, extrait d'une brochure
publiée par M. Alexandre Marcley, capitaine
attaché à l'état-major de la division castillane,

et l'un des aides-de-camp d'Urbistondo, prouve les ruses qu'il a fallu employer, même après toutes ces manœuvres préparatoires, pour forcer les braves Guipuzcoans à passer à Espartero.

· Le témoignage de M. Marcley ne peut être mis en doute un seul instant, car cet officier était partisan décidé d'une transaction.

Dans la nuit du 30 au 31 août, les Guipuzcoanos reçurent d'Iturriaga l'ordre de se séparer de suite de Maroto, parce qu'il voulait les livrer sous des conditions honteuses; il leur ordonnait en même temps de venir se réunir au reste de la division. Iturbe, indécis, annonce à Maroto que, ses bataillons voulant aller rejoindre la division avec laquelle ils sont d'accord, il est forcé de céder, surtout les compagnies de préférence refusant de continuer la marche. Maroto envoya un adjudant d'état-major général pour répondre à Iturbe, et calmer les bataillons : cet officier les trouva dans la plus grande confusion; il ne put parvenir à se faire entendre ni à rejoindre le brigadier, et les vit défiler du côté opposé.

L'adjudant revint, et à la descente du port il rencontra Iturbe, auquel il apprit ce qui se passait; celui-ci courut après les bataillons, mais sans dire dans quelle intention. Depuis on a assuré que dans cette soirée il avait écrit au Roi en lui témoignant de la soumission de sa brigade, mais il écrivit autre chose à Urbistondo. Ce général, alarmé, se rendit à Bergara où était Maroto; en partant il ordonna *de pren-*

dre toutes les mesures nécessaires pour empêcher que le mouvement des Guipuzcoans ne se propageât.

On ne put cependant le cacher ; et les chefs et officiers voyant qu'il n'y avait auprès d'eux aucun des généraux dans lesquels ils avaient déposé leur confiance, résolurent d'aller occuper la position de Descarga, et de prendre là une détermination décisive.

La situation de ces officiers de mérite était bien triste et critique, ils avaient la conviction que leur Roi les croyait traîtres, et leurs derrières étaient menacés par les bayonnettes sanguinaires des Navarrais ; ils s'exposaient à perdre l'occasion de contribuer au bien de leur pays, et cependant leur honneur souffrait d'abandonner leurs compagnons d'armes et la cause pour laquelle ils avaient combattu pendant six ans. Le traité pouvait tout concilier, mais ils n'en connaissaient encore rien que la vilaine manière dont il avait été conclu.

Malheureux et honorables officiers ! je les vis alors invoquer mille fois la mort, et maudire le sort qui leur avait conservé la vie dans tant de combats, de fatigues et de dangers.

C'était en proie à de telles angoisses que la colonne montait le port, lorsque Urbistondo arriva au galop. A son cri de *Tournez la tête de la colonne*, les troupes exécutèrent le mouvement en silence et avec précision, comme si elles eussent été à la parade. Telle était la subordination admirable de la division, et l'influence de ce général sur les soldats.

A la fin la colonne Castillane entra dans Bergara, et ensuite Iturbe, avec ses bataillons ; Espartero les

harangua, embrassa Maroto, et cria *Vive la paix !
Vive l'union des Espagnols !* et *Vive Isabelle II !* Aux
deux premiers cris les volontaires répondirent avec
ardeur, mais au troisième ils se regardèrent surpris,
et ne rompirent pas le silence.

Nous admirâmes la discipline de l'armée d'Espartero, la cordialité et la politesse avec laquelle il nous
embrassa. Le même jour la division Biscayenne entra
dans Bergara, et plus tard celle de Guipuzcoa; la
première complète, *l'autre presque sans officiers.*

Tel était l'état de l'opinion dans l'armée de
Guipuzcoa. Voyons maintenant celle du peuple. Pour arriver à la connaissance exacte de
celle-là, nous avons deux moyens : 1.º la conduite des représentans du peuple; 2.º celle de
la garde royale, composée des fils des familles
les plus influentes de la Province.

Qu'ont fait les représentans du peuple, les
membres de la députation de Guipuzcoa ? Ont-ils, eux qui sont de riches propriétaires, accepté l'offre de la conservation de leurs *fueros,*
et abandonné la cause de D. Carlos ? Non ! Le
duc de Grenade de Ega, président de la députation, D. Pablo Hortiz, D. Juan Antonio Elzaurdi, D. Francisco Legorburu, D. Francisco
Eznarizaga, tous sont réfugiés en France.

D. Domingo Zumalacarregui est de toute
cette corporation le seul qui se soit soumis aux
christinos.

Les Guipuzcoans, les Navarrais, Alavais, Biscayens de la garde royale, ont-ils abandonné D. Carlos? Non! Ces braves jeunes gens l'ont accompagné en France, et sont actuellement dans les dépôts. Cependant si leurs pères, qui appartiennent à la partie la plus respectable de la population des Provinces, avaient été favorables à la convention de Bergara, ces jeunes gens ne seraient pas aujourd'hui exilés sur la terre étrangère!

La majeure partie des officiers appartenant à la division de Guipuzcoa, et presque tous natifs de cette province, ont-ils accepté la convention? Non! Ils sont venus, manquant de tout, chercher un refuge en France! Il est vrai que depuis plusieurs d'entre eux sont retournés chez eux : ce retour est-il avantageux ou non pour la conservation de la paix? c'est ce que le temps prouvera.

Quelles sont donc les personnes actuellement résidantes en Guipuzcoa qui ont approuvé la convention de Bergara? les émigrés christinos qui, absens de chez eux depuis long-temps, ont pu par suite de ce traité y retourner; mais le peuple en général est inquiet et mécontent.

Jamais les Basques n'oublieront qu'ils ont été vendus comme des esclaves. Ce n'est pas le sort des armes qui s'est déclaré contre eux; ils ont été vaincus par la plus infâme trahison, ils

ont été blessés non-seulement dans leurs affections, mais encore dans leur orgueil; ils sont humiliés en pensant que l'on veut persuader au monde qu'ils ont lutté pendant six ans, fait les plus grands sacrifices pour la seule défense de leurs *fueros*. Leur cri fut *Viva Carlos 5.°!* Les Basques ont combattu pour la défense de leurs opinions, mais non pour celle de quelques intérêts matériels.

Les mêmes remarques s'appliquent à la Biscaye : là, comme en Guipuzcoa, la députation a quitté la Province pour se réfugier en France. Quant à la Navarre et à l'Alava, soldats et peuple tous sont demeurés fidèles à leurs principes et à leur Monarque jusqu'au dernier moment.

Ceux qui ont élevé la voix avec le plus de force, depuis le commencement de la guerre, en faveur des *fueros*, sont les christinos; de Saint-Sébastien, de Bilbao, de Pampelune et autres villes, des représentations très énergiques furent envoyées au gouvernement de Madrid et aux cortès, protestant contre tout ce qui pourrait porter atteinte à ce code sacré; cependant ces mêmes hommes, avec une inconséquence dont la nouvelle école a déjà donné bien des preuves, ont élu des députés pour les cortès, reconnaissant ce corps législatif, et sanctionnant d'avance tous ses actes.

Les christinos des Provinces sont ou négocians ou propriétaires ; leur opposition était tout-à-fait intéressée : les premiers craignaient les douanes, les seconds la perte de leur influence personnelle. La conduite des carlistes dans ces mêmes Provinces a été bien différente ; car pour soutenir un Prince qu'ils croyaient devoir faire le bonheur de l'Espagne, ils ont, mettant de côté tous sentimens d'égoïsme, fait les plus grands sacrifices, avec une constance qui ne pouvait leur être inspirée que par la conviction de la justice de la cause à laquelle ils s'étaient dévoués.

Les Basques ont été trahis, mais l'honneur de la majorité de ce peuple héroïque demeure intact.

CONCLUSION.

MAROTO et ses amis disent, pour leur justification, que le peuple des Provinces, fatigué
de six ans de guerre, demandait la paix *à tout
prix*. Lors même que ceci serait vrai, Maroto
serait-il plus excusable d'avoir trahi ses sermens les plus sacrés, et déserté les drapeaux
de D. Carlos pour ceux d'Isabelle? En accep-
tant de D. Carlos le poste élevé de chef d'état-
major général de l'armée du Nord, Maroto
l'avait-il reçu pour assurer la possession des
fueros? Non; il avait été nommé à cet emploi
pour guider une armée carliste qui combattait

pour faire triompher ses principes, et pour placer le Prince qui les représentait sur le trône de ses ancêtres. Maroto, en se posant comme *fueriste*, sacrifiait l'armée carliste d'Aragon, celle de Catalogne, les carlistes de toute l'Espagne, les principes qu'il avait proclamé être les siens, et le Prince qui avait mis sa confiance en lui.

Maroto, en traitant avec les christinos sans le consentement de celui qu'il avait reconnu pour son souverain, est un traître; sa trahison est de celles que rien ne peut ni justifier ni excuser.

Mais Maroto n'est pas le seul traître qui se soit trouvé dans le camp carliste; d'autres individus près de la personne de D. Carlos et dans l'armée, ont mérité ce titre honteux. Espérons, dans l'intérêt de la loyauté et de l'honneur, qu'ils ne seront pas long-temps à l'abri du mépris qui leur est dû! Avant peu ils seront démasqués! Maroto a déjà commencé à soulever un coin du voile qui les couvre (1). Unis pour consommer l'œuvre d'iniquité, la discorde s'est déjà déclarée parmi eux: de leurs disputes jaillira toute la vérité!

NOTES.

NOTES

DE

LA PREFACE.

(1) Pag. xvj, lig. 11.

Le comte de Negri quitta les Provinces le 15 mars 1838 avec une division composée de 9 bataillons Castillans et 200 chevaux : le général Mérino, commandant-général des Castilles, l'accompagnait avec deux escadrons de cavalerie. En arrivant près de Burgos, le comte voulut diriger la marche de ses troupes vers les montagnes de Liebana; mais Mérino, qui connaissait le pays, et qui avait acquis la conviction que Negri était incapable, sinon mal intentionné, lui représenta l'imprudence qu'il y avait à conduire l'expédition dans des montagnes qui ne produisent rien (ses habitans sont obligés de faire venir, des plaines de la Castille, même les objets de première nécessité), et dont le climat est si rigoureux pendant les trois quarts de l'année, qu'il suffirait seul à détruire une armée. Mérino ajouta que la marche de l'expédition dans cette direction ne pouvait avoir d'autre but que

celui de la détruire; Negri persista, Mérino se sépara de lui, et vint avec ses deux escadrons dans les cantons de Lerma et d'Aranda.

Negri continua sa marche, et arriva à Liebana, poursuivi de près par Latre, qui le força le 22 mars à accepter le combat à Bendejo; et malgré les prodiges de valeur des braves Castillans, l'expédition souffrit des pertes considérables par suite des manœuvres commandées par le comte. Dans la nuit qui suivit cette désastreuse affaire, il tomba une telle quantité de neige, que le lendemain les deux armées durent demeurer dans les positions où elles étaient la veille après le combat. Les carlistes passèrent cette nuit et le jour suivant dans une horrible situation, sans rations et sans abri; les malheureux blessés mourans de faim, de froid, et privés de secours, furent entassés à la Cruz de Cabezuela, dans un *invernal* (espèce de grange que l'on construit dans les montagnes, pour y serrer les herbes que l'on fait sécher l'été pour la nourriture des bestiaux pendant l'hiver); il en périt un grand nombre, et cependant Negri aurait pu épargner toutes ces souffrances à ses soldats, car le 22 mars, peu après le combat, D. Antonio Roldan, membre de la junte carliste créée à Potés, était venu lui offrir, au nom de cette corporation, 12,000 rations de pain, de vin et de viande, qu'elle avait réuni dans cette ville pour ses troupes, qui pouvaient aussi s'y reposer, et faire donner aux blessés les soins que leur état exigeait. Negri refusa sans aucun motif cette offre, et resta dans les environs de Bendejo jusqu'au 24 au matin, qu'il se mit en marche par le

haut de la sierra entre Liebana et la vallée de Pola-
ciones, pour sortir à Pernia par le port de Piedras-
Luengas, et de là par Campòo jusqu'à la sierra de
Burgos, où était Mérino.

Ce vieillard actif et entreprenant avait déjà levé
deux bataillons composés des jeunes gens du pays,
il avait aussi commencé les fortifications de la Peña de
Casaro, pour avoir un point d'appui pour base de
ses opérations et assurer la subsistance de ses troupes. L'arrivée de Negri en déroute le contraria beaucoup, car elle ne pouvait manquer de produire un
très mauvais effet et nuire à la cause dans l'esprit
des habitans; pour y remédier, Mérino résolut d'occuper le pays militairement; et à cet effet, il pria
Negri de lui laisser deux de ses bataillons pour
opérer pendant que ses recrues recevraient l'instruction et l'organisation nécessaires. Il lui promettait en
retour de se charger de ses malades, de ses blessés,
et de recueillir ceux de ses soldats qui étaient demeurés dispersés et errans depuis le combat de Bendejo.

Ces dispositions étaient avantageuses, même pour
Negri; car s'il éprouvait quelque nouvel échec, il
aurait toujours un refuge et des secours, Mérino étant
en force dans le pays : mais tout fut en vain, Negri
ne voulut rien entendre, et Mérino, exaspéré, lui dit
qu'il était un traître, qu'il travaillait à la ruine de la
cause carliste en Castille, et à la perte des fidèles
Castillans. Après cette conférence sans résultats, Negri
se mit en marche sur Ségovie; et pendant qu'il fati-
guait ses troupes par des marches inutiles il donnait

aux généraux christinos le temps de recommencer à le poursuivre. C'est ainsi que de Ségovie il vint sans but apparent dans les plaines de Campos, où il s'engagea avec très peu de cavalerie, et soutint le combat de Mayorga, qui fut encore malheureux, et l'aurait été bien davantage sans la bravoure extraordinaire du colonel Arospide, qui fit une charge à la tête de 24 cavaliers, et parvint à dégager une partie de la division, qui aurait péri tout entière. Ces braves cavaliers se sacrifièrent pour l'infanterie, ils restèrent presque tous sur le champ de bataille.

Le 20 avril Negri revint dans les montagnes de Liebana, poursuivi par Iriarte. L'intensité du froid était telle, qu'un grand nombre de ses soldats, épuisés de fatigue et de faim, ne purent le supporter, et périrent dans les neiges.

Espartero, certain du succès, prenait ses dispositions pour s'emparer de l'expédition sans peine. Negri semblait lui en faciliter les moyens, car il vint à Aguila de Campo, où il perdit une journée à battre en brèche, avec une petite pièce de 4, une ancienne église qui avait été convertie en fort, et dont les murailles étaient si épaisses, qu'elles auraient résisté pendant plusieurs jours à de l'artillerie de siége. Pendant cette attaque inutile, entreprise sans doute pour lui en donner le temps, Iriarte se rapprocha, et Negri se mit en retraite précipitée sur Fresno de Rodillas, où il arriva après avoir fait 16 lieues dans un jour. Aussi lorsque les christinos se présentèrent, les restes de cette belle division ne purent opposer aucune résistance, ils furent livrés sans tirer un coup de fusil.

Negri se sauva avec les officiers d'état-major qui avaient conservé leurs chevaux, et quelques soldats de cavalerie qui suivirent le colonel Arospide.

Negri ne témoigna aucun chagrin de la perte de l'expédition qui lui avait été confiée; mais en apprenant celle de son bagage, il se mit à pleurer comme un enfant, au grand scandale de ceux qui l'accompagnaient; il regrettait surtout *la faja* de maréchal de camp qu'il avait reçue de D. Carlos avec le commandement de l'expédition, comme récompense anticipée de ses prouesses à venir!!!!

NOTES

DE

LA BIOGRAPHIE.

———◆———

(1) Pag. xxviij, lig. 29.

Voici la réponse faite, au nom de Maroto, à l'interrogatoire cité par le *Phare* dans son numéro du
4 août :

« *A M. le Rédacteur du* Morning Hérald.

«Le 18 Août 1838.

« Monsieur,

« Un journal de Bayonne, le *Phare,* contient
dans son numéro du 4 de ce mois un article très
injurieux pour le général Maroto. Les amis du général ne croyaient pas nécessaire de démentir ces
calomnies insérées dans un journal inconnu, et qui
met en usage tous les moyens pour sortir de l'obscurité à laquelle le condamnent la médiocrité de sa
rédaction et le système de mensonge et d'exagéra-
tion qui perce dans les nouvelles qu'il donne, et qui
sont toujours dans l'intérêt de l'infante Isabelle.

« Le général Maroto a été d'une opinion différente ; il a cru voir dans l'insertion de son préten-

12

du interrogatoire une intention de lui nuire dans l'esprit de ses compatriotes et à l'étranger, en jetant des doutes sur sa probité et sur son dévouement pur et loyal à la cause de son souverain; et malgré la répugnance qu'il éprouve à entretenir le public de choses qui lui sont purement personnelles, il a cru se devoir à lui-même de démentir de la manière la plus positive l'article du *Phare*, mais en prévenant que ce sera la dernière fois qu'il répondra à ce journal. C'est donc d'après le désir exprès du général que je vous transmets les renseignemens suivans, sur l'exactitude desquels vous pouvez compter.

« Lorsque le général Maroto quitta les Provinces du nord pour aller prendre le commandement de la Catalogne, il vit le général Harispe; la conversation fut courte et roula sur des sujets peu importans. Quelques explications que le général français désirait lui ayant été données d'une manière qui ne le satisfit pas entièrement, le général Maroto se retira.

« Si la position délicate dans laquelle cet officier général, chargé d'une mission importante, et forcé de déjouer la surveillance des polices Française et Espagnole, se trouvait placé; si quelques dispositions hostiles contre lui, personnelles à un des chefs militaires Français, et qui contribuaient à multiplier les difficultés autour de lui, avaient pu l'obliger à déguiser ses opinions et faire de fausses confidences, pour éloigner les soupçons et éviter de nouveaux interrogatoires; comment celui qui a donné cet article au *Phare* éviterait-il l'accusation qui pèserait sur lui d'avoir manqué de dignité, et trahi la confiance en révélant une

conversation privée ? ou bien, s'il s'est aperçu qu'il était la dupe d'une mystification, quel plaisir peut-il trouver à apprendre au public que l'on s'est moqué de lui ? Mais il n'en a pas été ainsi : le général Maroto ne s'est pas vu dans la nécessité de divulguer ses secrètes pensées ou de révéler les motifs de sa conduite ; il s'est renfermé dans une complète réserve, dont rien n'a pu le faire sortir.

« Le reproche qui lui est fait d'avoir manqué à la parole qu'il avait donnée de ne pas quitter la résidence qui lui était assignée, n'est pas mérité. Constamment suivi, par des agens de police, à Toulouse, à Nîmes et à Marseille, le général ne recouvra sa liberté dans cette dernière ville que par un stratagème auquel il eut recours pour échapper à ses espions.

« Arrêté à son retour de Catalogne, et conduit à Tours, il refusa au préfet de cette ville une promesse de ne pas chercher à en sortir. Deux gendarmes étaient chargés de le surveiller, il fut assez heureux pour tromper leur vigilance ; et il est si vrai qu'il n'avait rien promis, qu'il prévint au contraire le commandant de gendarmerie que les vexations qu'on lui fesait supporter l'ennuyaient tellement, qu'il ferait tout ce qui dépendrait de lui pour s'y soustraire.

« Tels sont, Monsieur, les faits que le général m'a prié de vous communiquer, et qui sont d'une vérité incontestable. Mais permettez-moi de vous dire comment on juge l'article du *Phare :* tous ceux qui l'ont lu sont persuadés qu'il n'a d'autre but que de semer la discorde et la méfiance parmi les fidèles défenseurs de S. M. Charles V, d'exciter la jalousie, la haine et

les soupçons contre le général, dont les talens, l'expérience et l'inaltérable dévouement, semblent si redoutables aux ennemis de ce prince ; mais les efforts des adversaires de la plus noble des causes sont vains : jamais les armées royales n'ont été plus unies, et jamais on ne parviendra à enlever à notre chef la confiance de son Roi, qu'il mérite si bien, ainsi que l'affection du peuple et de l'armée. Nous ne reviendrons pas sur cette misérable production du *Phare*.

« Veuillez avoir la bonté d'insérer ma lettre dans un de vos prochains numéros, et recevoir l'assurance de la haute considération de votre dévoué serviteur,

Un ami du général Maroto. »

(2) Pag. xxix, lig. 23.

La conduite de Maroto en Catalogne semblerait prouver qu'il n'avait accepté ce commandement que dans l'intention de nuire à la cause de D. Carlos. Dès son entrée dans cette principauté, au lieu de travailler à l'organisation de l'armée, il s'attacha à démontrer au baron d'Ortaffa et autres chefs, l'impossibilité de discipliner les bandes et d'en faire des bataillons réguliers ; il insistait continuellement sur cela, répondant à toutes les observations du baron, qui lui disait qu'avec du temps et de la fermeté on venait à bout de tout, que c'était inutile ; que la seule chose qu'ils eussent à faire était de rentrer en France. Des contestations très aigres s'ensuivirent entre Maroto et le baron, dont la perte fut aussitôt résolue. Envoyé avec peu de monde sur un point écarté, il y fut atta-

qué par une forte colonne christine ; et quoique Maroto reçût de demi-heure en demi-heure des demandes de secours, et qu'il eût avec lui des forces considérables, il se mit en marche vers la frontière de
France. Le dernier rapport qui lui parvint annonçait que le baron, faute de secours, avait péri en
combattant : alors Maroto dit que la cause était per-
due en Catalogne, et, dispersant les troupes qui
étaient avec lui, il rentra en France.

(3) Pag. xxix, lig. 31.

Maroto, pendant son séjour en Catalogne, non
seulement levait lui-même de fortes contributions,
mais obligeait les chefs des diverses bandes qui par-
couraient le pays à lui envoyer des sommes d'argent dont il fixait la quantité : par ce moyen il était
parvenu à recueillir une somme considérable, qu'il
emporta en France. Peu de jours après son entrée
dans ce royaume, l'intendant militaire y arriva aussi,
et se rendit auprès de lui pour savoir ce qu'était devenu cet argent ? *Maroto lui répondit qu'on le lui avait
volé dans son logement ! ! !*

NOTES

DU

CHAPITRE IER

(1) Pag. 7, lig. 11.

La justice oblige de dire que dans les derniers temps Guergué se trouvait dans l'impossibilité d'agir, l'argent, les vivres et même les munitions étant venues à manquer; mais au moment où Maroto prit le commandement, l'argent, qui était attendu depuis longtemps, arriva, et la récolte fut très abondante.

(2) Pag. 15, lig. 16.

Maroto n'était présent à aucune de ces actions.

(3) Pag. 15, lig. 22.

L'insubordination et la lâcheté de Maroto firent que ce brillant fait d'armes ne fut pas aussi décisif qu'il aurait dû l'être.

(4) Pag. 26, lig. 13.

Le 16 Maroto arriva de Tolosa à Azpeitia, où il dîna dans la maison d'Arizaga. Après dîner le comte

de Negri et le baron de los Valles vinrent d'Azcoitia à sa rencontre jusqu'à Azpeitia, d'où, accompagné par eux et par une escorte de 16 hommes d'infanterie, il se mit en marche pour Azcoitia, où il entra vers le soir. En arrivant il mit pied à terre à la porte du palais : son entrevue avec D. Carlos dura une heure et demie; elle fut peu satisfesante, et D. Carlos prit la résolution de mettre le Prince des Asturies à la tête de l'armée; il désigna de suite toutes les personnes qui devaient entourer le Prince, et remplir les divers emplois auprès de lui. Le 17, Maroto passa la journée dans son lit, disant qu'il était malade; il prétendit même s'être fait saigner. Pendant qu'il jouait cette comédie, le père Unanue, le père Cyrille, le baron de los Valles, Villavicencio et autres, représentèrent à D. Carlos que le Prince était trop jeune pour un pareil emploi; ils lui firent un tableau si effrayant des résultats que pourrait avoir la séparation de Maroto du commandement, que D. Carlos changea d'opinion; Maroto fut conservé, et le 18 au matin, après une nouvelle audience, il se mit en marche pour Andoain.

(5) Pag. 29, lig. 29.

Les 9 et 10 mai le feu des batteries ennemies s'ouvrit contre le fort, mais sans effet, parce que d'où elles étaient placées on ne distinguait que la crête des parapets. Pour établir les batteries à une distance convenable, il aurait fallu s'emparer des positions occupées par les troupes carlistes.

Le 11 les christinos attaquèrent ces positions, et

s'en étant emparés, le fort fut entouré. Espartero intima la reddition au gouverneur, mais celui-ci refusa. Pendant la nuit l'ennemi établit ses batteries sur le terrain conquis : le 12 avant le jour Espartero reçut une dépêche de Maroto, dont voici la traduction littérale.

« Si vous faites suspeudre les hostilités contre le « fort de Guardamino, et laissez sortir en qualité de « prisonniers ses défenseurs, je ferai évacuer le fort, « et conduire sur le point que vous désiguerez un « nombre égal de ceux de vos soldats qui sont dans « nos dépôts. Je vous fais cette proposition, désirant « que la lutte relative à ce fort cesse sans verser da- « vantage de sang espagnol. »

Espartero lui répondit :

« Les sentimens d'humanité qui m'animent m'ont « fait proposer hier au gouverneur de rendre le fort « sous les conditions que vous m'indiquez dans votre « dépêche : si vous ordonnez à la garnison de se « rendre prisonnière, elle sera préférée pour l'échange « aussitôt qu'il en sera effectué un d'un nombre égal « des prisonniers de mon armée qui sont en votre « pouvoir. J'espère que vous expédierez l'ordre sans « perte de temps, pour éviter l'effusion de sang, qui « serait inévitable d'après les mesures que j'ai prises. »

Maroto, le même jour 12, renvoya à Espartero une dépêche conçue en ces termes :

« Je vous inclus l'ordre que vous exigez pour que « la garnison du fort de Guardamino se rende pri- « sonnière de guerre. Je suis d'accord sur les autres

« points contenus dans votre dépêche ; mais du mo-
« ment qu'il y a si peu de différence entre ce que
« vous voulez et ce que j'ai proposé, *je voudrais mé-*
« *riter de vous que vous voulussiez bien permettre* que
« ladite garnison se rende de suite dans mon camp,
« sûr, comme vous devez l'être, que ma promesse
« est sacrée, et que je vous remettrai ponctuellement,
« et de suite, un pareil nombre de prisonniers parmi
« lesquels je comprendrai, si cela vous convient,
« ceux qui sont tombés en mon pouvoir ces jours der-
« niers. »

Cet ordre ayant été remis au gouverneur du fort,
il répondit qu'il ne se rendrait que si un aide-de-
camp de Maroto, envoyé par lui, venait le lui or-
donner. Le 13 au matin, deux chefs envoyés par
Maroto à cet effet firent la remise du fort.

Dans son rapport à son gouvernement Espartero
s'exprime ainsi :

« L'état dans lequel Maroto se trouve est éloquem-
« ment prouvé par ses communications, et par la pro-
« position spontanée qu'il a faite de remettre un fort
« qui n'avait pas souffert, contre lequel les batteries
« de brèche n'étaient pas même pointées, et la mine
« projetée impraticable. L'ingénieur qui avait dirigé
« la construction du fort, et qui était au nombre des
« prisonniers, disait que la mine ne pourrait arriver
« jusqu'au fossé, car il est creusé dans le roc avec
« des tarières. »

Espartero dit à ses soldats, dans son ordre du jour
du 13 mai :

« L'opération la plus importante et la plus dan-

« gereuse fut préparée pour le 11 de ce mois. Après
« deux jours de canonnade contre le fort, je provo-
« quai l'ennemi à une bataille générale, que je dési-
« rais vivement ; mais lui restait retranché derrière
« ses positions formidables, je vous y conduisis : là
« nous l'avons battu, là nous avons complété son
« ignominie ! La nation, le monde entier se convain-
« cra du mérite de la victoire que nous avons ob-
« tenue, lorsqu'on saura qu'elle eut pour résultat
« l'offre qui me fut faite par le chef des forces en-
« nemies de me rendre le fort sous la seule condi-
« tion de procéder de suite à l'échange de ses défen-
« seurs. Vous avez été témoins de l'arrivée dans notre
« camp de deux chefs rebelles qui vinrent offrir la
« remise du fort et en autoriser l'occupation ! Quelle
« plus grande gloire pouvez-vous désirer !

(6) Pag. 48, lig. 2.

« *CONVENTION conclue entre le Capitaine-général des
armées nationales D. Baldomero Espartero et le
lieutenant-général D. Rafael Maroto.*

« Art. 1.er Le capitaine-général D. Baldomero Espartero s'empressera d'accomplir sa promesse, et s'engage formellement à proposer aux cortès la concession ou la modification des *Fueros*.

« Art. 2. Seront reconnus les emplois, grades et décorations des généraux, chefs, officiers et autres individus dépendans de l'armée commandée par le lieutenant-général D. Rafael Maroto, lequel présentera
les états indiquant les armes auxquelles ils appartien-

nent. Il leur sera loisible de continuer à servir en défendant la constitution de 1837, le trône d'Isabelle II, et la régence de son auguste mère, ou bien de se retirer dans leurs foyers s'ils veulent quitter le service.

« Art. 3. Ceux qui adopteront la première condition de rester au service, seront placés dans les corps de l'armée, soit effectivement, soit en qualité de surnuméraires, selon l'ordre d'inscription dans le tableau des inspections de leur arme.

« Art. 4. Quant à ceux qui préféreront se retirer dans leurs foyers, les généraux et brigadiers auront le droit de choisir leur résidence; ils y jouiront du traitement alloué à leur grade par les règlemens; les chefs et les officiers obtiendront congé illimité ou leur retraite, selon les règlemens. Si quelque individu de ces classes désire obtenir un congé temporaire, il le sollicitera de l'inspecteur de son arme. Ce congé pourra même être donné pour l'étranger, et dans ce cas la demande devra être adressée au capitaine-général D. Baldomero Espartero, qui délivrera le passeport en même temps qu'il demandera l'approbation de S. M.

« Art. 5. Ceux qui demanderont un congé temporaire pour l'étranger ne pouvant, d'après les ordonnances royales, percevoir leur traitement jusqu'à leur retour, le capitaine-général D. Baldomero Espartero leur fera payer quatre mois de ce traitement, en vertu des facultés dont il est revêtu. Cet article sera applicable à toutes les classes, depuis le général jusqu'au sous-lieutenant inclusivement.

« Art. 6. Les articles précédens seront applicables

à tous les employés civils qui se présenteront dans les douze jours de la ratification de la présente convention.

« Art. 7. Si les divisions de Navarre et d'Alava se présentent en la même forme que les divisions Castillanes, Biscayennes et Guipuzcoanes, elles jouiront des concessions stipulées dans les articles précédens.

« Art. 8. Les parcs d'artillerie, les dépôts d'armes, d'habillemens et de vivres, qui sont sous les ordres ou à la disposition du général Maroto, seront remis au capitaine-général D. Baldomero Espartero.

« Art. 9. Les prisonniers appartenant aux corps des provinces de Biscaye et de Guipuzcoa, et ceux des corps de la division Castillane, qui se conformeront en tout aux articles de la présente convention, seront mis en liberté et jouiront des avantages accordés aux autres. Ceux qui n'y consentiront pas, continueront à être traités comme prisonniers de guerre.

« Art. 10. Le capitaine-général D. Baldomero Espartero exposera au gouvernement, pour que celui-ci l'expose aux cortès, la considération que méritent les veuves et orphelins de ceux qui sont morts dans la présente guerre, et qui ont appartenu aux corps compris dans la présente convention, laquelle a été ratifiée au quartier-général de Bergara, le 31 août 1839. — Le duc de la Victoire. — Rafael Maroto. »

NOTES

DU

CHAPITRE II.

(1) Pag. 50 , lig. 16.

Pendant qu'Espartero menaçait Estella, Maroto, qui avait établi son quartier-général à Morentin, recevait chaque nuit dans son logement le brigadier Linage, secrétaire de campagne d'Espartero, et son conseiller privé.

(2) Pag. 51, lig. 8.

Les lettres suivantes ont été interceptées par les carlistes.

« *Société Espagnole de Jovellanos. — N.º 71.*

« Dans une séance tenue hier par le B...G...a été lue et examinée avec l'attention qu'elle mérite la communication n.º 6, dans laquelle on annonce l'arrivée du député de l'intérieur envoyé par les amis pour conférer avec vous et régler le plan que l'on a résolu de mettre à exécution, comme le plus sûr et convenable pour détruire le pouvoir fanatique qui entoure et domine D. Carlos; car ils ont projeté la ruine des amis qu'ils accusent de modérantisme :

vous pouvez dire verbalement par la même voie,
1.º que ce B... G... approuve la noble entreprise
que les amis ont méditée pour leur propre conservation, anéantissant d'un coup et par la terreur ce
principe fanatique et révolutionnaire; 2.º qu'on pro-
curera aux amis les fonds nécessaires pour l'entreprise.

« 3.º Si par malheur l'entreprise ne répondait pas
à leurs espérances, et qu'ils se vissent obligés à émigrer, on leur accordera les moyens nécessaires pour
vivre honorablement, comme ils ont droit de l'attendre.

« Dans tout le reste vous devez observer la conduite la plus circonspecte, sur tout ce qui pourra survenir de l'intérieur, ayant bien soin de ne compromettre en rien la S... La plus grande discrétion est
nécessaire pour que l'intention de la S... ne puisse
être connue, car si les amis exécutent quelque acte
sanglant, ce serait d'une mortelle transcendance si
les ennemis de la S... venaient à en savoir quelque
chose; par conséquent toutes les communications relatives à cette affaire seront verbales. Lorsqu'il s'offrira
quelque doute il faudra consulter avec ce B... G...

« Santé, modération et espérance,

« Madrid, 15 Janvier 1839.

« *Le Secrétaire.*

« *Directoire général Jovellanos. S. E. B. J.* »

« *Société Espagnole de Jovellanos. — N.º 77.*

« Par la communication n.º 10 ce B... G... est
instruit de l'arrivée ici d'un messager des amis. D'a-

près ses explications la tempête approche, et toutes les mesures sont adoptées pour que le triomphe soit des plus complets.

« Ce B... G... espère qu'aussitôt que la nouvelle de la rupture arrivera à votre connaissance il lui en sera fait de suite part, avec tous les détails qu'on pourra et les observations qui se présenteront. Jusqu'à la réalisation ce B... G... restera dans la plus grande anxiété, il coopérera de son côté et de tout son pouvoir pour appuyer les amis dans l'opinion publique par le moyen de nos journaux et par l'influence morale qu'il exerce dans les cercles politiques. »

« Santé, modération et espérance,

« Madrid, 14 Février 1839.

« *Le Secrétaire.*

« *Directoire général Jovellanos. S. E. B. J.* »

« Société Espagnole de Jovellanos. — N.° 80.

« Ce B... G... a reçu du triangle de l'armée du Nord la proclamation adressée par le grand ami au peuple et aux troupes à Estella le 18 de ce mois, et sa lettre du 20 à D. Carlos.

« Ces deux documens sont très intéressans, et trouveront beaucoup d'échos en Europe, parce que la partie éclairée se convaincra que de tous côtés s'étend et règne l'esprit de modération, qui est la tendance du siècle, et qui est irrésistible parce que l'opinion publique marche avec elle.

« La lettre à D. Carlos est un modèle de rédac-

tion et de logique. Notre secrétaire 9, 3, 17, 33, 34, 15, 9, s'est bien montré; il fera son chemin dans la magistrature, il a prouvé qu'il a une tête bien organisée, et propre aux circonstances dans lesquelles il s'est trouvé.

« Cette lettre vaut plus que si on eût   ;
l'homme est suicidé de fait, le peu de force morale qu'il avait a disparu; l'ami de fait est   ,
rien ne peut résister à son bras et à son cœur de fer : le triomphe de la modération est certain.

« Dites aux amis que tout a été très bien reçu ici, et que de jour en jour le grand ami gagne dans l'opinion publique.

« Ce B...G...attend votre communication avec tous les détails.

« Santé, modération et espérance.

« Madrid, 28 février 1839.

« *Le Secrétaire.*

« *Directoire général Jovellanos. S. E. B. J.* »

---

(3) Pag. 51, lig. 20.

Comme on le verra par la lettre suivante, Maroto et ses adhérens consentaient à s'arranger avec M. Arias Teijeiro.

« Elorrio, 28 Juin 1838.

« Nous avons déjà obtenu un triomphe, mon cher Mitchell : il est vrai qu'il nous a coûté cher, il ne nous a fallu rien moins que la prise de *Peñacerrada* pour faire taire cette infâme opposition contre le général Maroto. Arias Teijeiro nous a fait beaucoup de mal en empêchant le Roi de confier plus tôt le commande-

ment de son armée à un général aussi distingué par
son énergie et son activité que par ses connaissances
militaires. L'armée a reçu avec acclamation cette nomination, et soyez bien convaincu qu'à sa première
rencontre avec l'ennemi elle prouvera qu'elle est in-
vincible lorsqu'elle est bien commandée.

« Je crois que le portefeuille de la guerre sera bientôt confié au brave marquis de Valdespina; bon ad-
ministrateur, actif et sans préjugés, il secondera puis-
samment son ami le général Maroto, qui l'a proposé
au Roi pour ce haut emploi. Vous verrez avant peu
donner à nos affaires une impulsion forte. Quant au
ministère des affaires étrangères, il convient qu'il
reste entre les mains d'Arias, parce que nous n'avons
personne pour le remplacer; mais il faudra qu'il se
borne à son ministère, et qu'il n'empiète pas sur
celui des autres, sans quoi nous nous verrions forcés
de l'abandonner à son malheureux sort. Avec Sierra
reparaîtraient Mon, Lagracinière et C.ie. Vous savez
aussi que la mauvaise santé de Sierra ne lui permet
pas de mener une vie active; ainsi au moment où nous
aurions le plus besoin de lui, il nous abandonnerait.
Il faut donc nous en tenir pour le présent à Arias
Teijeiro; à force d'adulations on l'a rendu excessivement vain, il ne peut souffrir la moindre contradic-
tion. Ne doutant de rien, il se croit le premier homme
d'état, parce qu'il sait griffonner du papier et qu'il
écrit avec facilité : son style laisse cependant beaucoup
à désirer, car il est beaucoup trop diffus pour un
ministre des affaires étrangères; mais il a de bonnes
intentions, et il aime beaucoup le travail, ce qui est
assez rare parmi les Espagnols.

« Je ne vous ai pas envoyé un exprès pour vous faire annoncer la nomination de Maroto, parce que je sais que le ministre vous en expédiera un.

« Tout à vous,

LE BARON DE LOS VALLES. »

P. S. L'infant D. Sébastien est parti hier à quatre heures de l'après-midi pour Loyola, d'où il ira tous les jours prendre les bains de *Cestona* ; ainsi ses beaux rêves se sont évanouis ! Lagracinière ne pourra pas le citer de long-temps dans ses bulletins de Saint-Jean-de-Luz.

(4) Pag. 51, lig. 29.

Lorsque Maroto abandonna en 1836 le commandement de la Catalogne, qui lui avait été confié, et passa en France après avoir sacrifié le baron d'Ortaffa, D. Carlos rendit un ordre royal par lequel la junte consultative de guerre ayant été entendue, il était défendu à Maroto de rentrer en Espagne sans une nouvelle résolution de D. Carlos, laquelle ne pourrait jamais être prise qu'en l'assujettissant à venir répondre, devant un conseil de guerre composé d'officiers généraux, aux graves accusations qui pesaient sur lui, et qui résultaient d'une enquête faite au ministère de la guerre, alors rempli par M. Erro, et de quelques documens très curieux qui prouvaient jusqu'à l'évidence que Maroto était ennemi personnel de D. Carlos. Ceci, joint à plusieurs lettres écrites par ce général à M. Erro, à l'interrogatoire subi par lui devant le général Harispe, ainsi qu'à une infinité d'autres charges, le présentaient comme criminel de lèze-majesté.

Son arrivée dans les Provinces après les événemens d'Estella, en 1838, surprit tous ceux qui connaissaient ses antécédens. D. Carlos lui-même ne put
cacher son étonnement à la vue d'une telle hardiesse.

D. Celestino Martinez de Celis était à Zumarraga
lorsque D. Carlos passa le 15 juin 1838 de Tolosa à
Elorrio. Deux jours après Maroto arriva dans cette
dernière ville de très bonne heure, et se rendit au
logement du comte del Prado, où furent de suite
appelés D. Joaquin Montenegro, les généraux Cue-
billas, Martinez et autres. M. Celis apprit par Cue-
billas qu'il avait été question de se mettre d'accord
sur un plan qui devait être adopté pour forcer D.
Carlos à nommer Maroto chef d'état-major général :
pour cela le comte del Prado devait se rendre au
palais le jour suivant, ainsi que Montenegro; et celui-
ci écrivit au général portugais Piñeiro de venir le
joindre. Le hasard ayant porté à la connaissance
de M. Celis la lettre écrite par Montenegro à Piñeiro, il vit que Montenegro lui disait qu'il était de
nécessité absolue qu'il vînt au quartier-royal, et qu'il
passât par Elgueta pour parler au général Cabañas,
et qu'en arrivant au palais il vît Villavicencio, pour
que celui-ci l'informât du rôle qu'il devait jouer; il
ajoutait qu'il ne perdît pas de temps, parce que la
cause du Roi était en danger.

Muni de tous ces renseignemens, M. Celis écrivit au secrétaire de la guerre D. José Arias Teijeiro,
en lui disant de faire part de tout ce qui se tramait
à D. Carlos, afin qu'on ne réussît pas à le surprendre.

Le lendemain, au moment où le comte del Prado

se mettait en route pour le palais, il reçut un ordre
royal qui lui défendait d'y venir, et lui enjoignait
d'aller à Azpeitia. Son secrétaire Casado fut en même
temps envoyé au dépôt de Mondragon pour y attendre sa classification.

(5) Pag. 53, lig. 29.

Maroto voulant attirer Balmaseda dans son parti,
mit en usage tous les moyens de séduction en son
pouvoir; il lui fit cadeau d'une magnifique paire de
pistolets, et n'épargna ni les caresses ni les flatteries.
Voyant qu'il n'avançait à rien par ces moyens dé-
tournés, il lui parla ouvertement, et lui promit le
grade de général s'il voulait s'unir à lui. Ce chef,
aussi loyal que brave, fut blessé au vif; et ne pouvant dissimuler la colère que ces manœuvres lui inspiraient, lui dit : « Sachez que je ne connais d'autre
« parti que celui du Roi : si je savais qu'il en exis-
« tât un autre, je le poursuivrais avec la même ar-
« deur qu'aux christinos, et mon épée saurait châ-
« tier celui qui fomenterait de telles intrigues, quand
« même ce serait vous. » Dès-lors la scène changea;
sous divers prétextes Maroto lui ôta le commandement de sa colonne. Balmaseda eut recours à D.
Carlos, qui ordonna à Maroto de lui rendre son emploi; mais celui-ci n'en tint compte, pas plus que
de quatre ordres royaux écrits qui lui furent expé-
diés à cet effet.

Maroto résolut de se défaire de Balmaseda; il envoya à Los Arcos, où il était, pour s'emparer de lui;
mais Balmaseda, qui avait été averti de ses inten-

tions, partit pour le quartier-royal afin de prier D.
Carlos d'accepter sa démission, et de lui permettre
de se retirer dans quelque lieu où il pût être à l'a-
bri des tentatives de Maroto : D. Carlos lui refusa
sa demande, et lui ordonna de retourner à la tête de
sa colonne, qui était à Los Arcos. Balmaseda, décidé à en finir, vint à Estella, où était Maroto, et
après beaucoup de difficultés parvint à être admis en
sa présence. Celui-ci le reçut assez bien : restés seuls,
Balmaseda lui demanda la permission de lui parler
comme à un particulier ; Maroto la lui ayant accordée, Balmaseda en profita pour le provoquer en
duel, et mit en jeu tous les moyens pour le décider
à l'accepter. Maroto, sans répondre un seul mot, passa
dans une chambre voisine, Balmaseda l'ayant suivi,
il se retourna avec colère, et lui dit : « Que venez-
« vous faire ici ? Pourquoi me suivez-vous ? J'ai cru,
« répondit Balmaseda, que vous alliez chercher vos
« pistolets pour m'assassiner par surprise, et je vous
« suivais pour, dans ce cas, vous les arracher, ainsi
« que le cœur, avec la pointe de mon épée. » Ces
mots, prononcés avec la fougue naturelle de Balmaseda, effrayèrent Maroto au point que, tremblant,
il le supplia de se calmer, et lui donna toutes les sa-
tisfactions possibles. Balmaseda, trop généreux pour
jouir de l'humiliation de son ennemi, sortit en lui
disant : « Je pars avec le regret de n'avoir pas trouvé
« en vous un homme dans le sang duquel un officier
« puisse teindre son épée sans la tacher. » Peu de
jours après, les persécutions contre Balmaseda devinrent si vives, qu'il dut recourir de nouveau à la pro-

tection de D. Carlos. Maroto, sachant qu'il était au quartier-royal, envoya un procès-verbal contre lui, et le réclama pour qu'il vînt répondre de sa conduite devant un conseil de guerre. D. Carlos ne vit d'autre moyen de le protéger que de l'envoyer au château de Guebara, promettant à Maroto de le faire punir s'il était coupable. Peu de jours avant les assassinats d'Estella, Maroto écrivit au gouverneur de ce château, en lui disant de ne livrer son prisonnier à personne, pas même sur un ordre de D. Carlos. Lorsque les assassinats d'Estella furent connus au quartier-royal, les amis de Balmaseda coururent auprès de D. Carlos le prier de le faire venir, afin de lui éviter le sort des généraux Navarrais. En effet, sorti de Guebara sur un ordre écrit en entier de la main de D. Carlos, Balmaseda n'était pas encore éloigné d'une demi-lieue de ses murs, qu'un aide-de-camp de Maroto vint au château le réclamer de sa part pour le conduire à la mort.

Le 30 mai 1839, Balmaseda publia la proclamation suivante :

« Castillans,

« Des attentats dont le souvenir m'épouvante, préparés par une suite d'intrigues que la main d'un traître pouvait seule ourdir, ont enseveli dans la tombe des généraux et des compagnons dont nous ne pourrons assez déplorer la perte, et m'ont séparé de vous. Il n'est pas de difficultés que ne puissent surmonter la valeur et la fidélité des héros que j'ai l'honneur de commander; leurs épées, auxquelles rien ne résiste, sauront couper le nœud gordien de la trahison et bri-

ser les chaînes qui oppriment notre Souverain bien-
aimé.

« En attendant que ces heureux momens arrivent,
suivez avec constance le chemin de l'honneur et de
la fidélité. Ne méconnaissez pas ma voix, quoique
ce soit de loin que je m'adresse à vous : soyez constans, je le répète, unissez vos efforts à ceux de vos
frères et compagnons des provinces Basques ; que les
fatigues ne vous découragent pas ; soyez unis, que
jamais la discorde ne s'introduise parmi vous et rompe
vos liens fraternels ; n'abandonnez pas notre bien-aimé
Souverain, surtout veillez nuit et jour sur sa précieuse
vie et sur celle de toute sa royale famille. Constance,
Castillans !

« Ne démentez pas votre réputation bien méritée.
Soyez sûrs qu'aussitôt que les opérations militaires per-
mettront à ces chefs invincibles d'assurer le triomphe
des armes du Roi dans les royaumes d'Aragon et de
Catalogne, ils voleront avec des troupes nombreuses
à votre secours. Vous me verrez à l'avant-garde, rien
ne résistera à notre ardeur. Mon cœur bat dans l'at-
tente du moment, qui n'est pas éloigné, où nos armes
victorieuses couronneront d'un double triomphe la
noble entreprise à laquelle nous nous sommes dévoués.

« Castillans, Basques et Navarrais, que notre devise
soit : *Le Roi, constance, union, extermination des
traîtres !*

« Quartier-général de Chelva, 3o Mai 183g.

« *Votre compatriote et ami,*
« Juan Manuel Balmaseda. »

(6) Pag. 54, lig. 12.

Il est prouvé que tous ceux qui étaient dans les bonnes grâces de D. Carlos, ou sincèrement attachés à sa personne, étaient regardés par Maroto comme ses ennemis personnels. Entre autres officiers de mérite qui avaient encouru sa disgrâce par ce seul motif, était le brave général Zabala, celui qui a renouvelé de nos jours l'action héroïque de Guzman *el bueno.* Sa famille ayant été arrêtée par le général christino qui commandait en Biscaye, et Zabala venant attaquer, le chef christino fit placer la femme et les enfans de ce général à l'avant-garde de ses troupes, en sorte que les carlistes ne pouvaient faire feu sans tirer sur ces innocentes victimes. A ce spectacle horrible, Zabala frémit, mais il fit continuer la marche. « Je suis Espagnol avant d'être père, » dit-il, et il commanda le feu. Les soldats christinos, saisis d'admiration, firent retirer Mme Zabala et ses enfans.

Ce général, un des premiers qui levèrent l'étendard de D. Carlos dans les Provinces, ayant envoyé un de ses parens à Maroto avec une lettre de recommandation, en reçut la réponse suivante. On ne sait, en lisant ce billet, ce qu'on doit admirer le plus, l'insolence ou la grossièreté de la rédaction. Voici la copie littérale :

Morentin, 31 Marzo de 1839.

SEÑOR DON FERNANDO ZABALA.

Muy Señor mio :

No estraño la osadia con que V. se me dirige por su carta recomendacion de 29 del corriente, porque el

hombre de alma villana no conoce el honor ni la ver-güenza. Basta por ahora y hasta que nos veamos, que yo lo procuraré. B. S. M.

RAFAEL MAROTO.

TRADUCTION.

Morentin, 31 Mars 1838.

M. FERNANDO ZABALA.

Monsieur,

Je ne suis pas étonné de l'audace avec laquelle vous vous êtes adressé à moi par votre lettre de re-commandation du 29 du courant, parce que l'homme qui a une ame basse ne connaît ni l'honneur ni la honte. Assez pour le moment, et jusqu'à la première entrevue; je tâcherai que ce soit bientôt.

Je baise vos mains.

RAFAEL MAROTO.

(7) Pag. 58, lig. 20.

Le 17 Maroto étant près d'Estella avec sa troupe dévouée qui conduisait prisonniers Sanz et l'intendant Uriz, le commandant du 12.ᵉ bataillon de Navarre se rendit chez le général Garcia, et lui dit : « On « emmène prisonniers Sanz et Uriz; on va sans doute « vous arrêter, mettez-vous en sûreté; venez à la tête « de mon bataillon. » Garcia refusa d'accéder à ces prières, qui furent appuyées par les larmes de sa fem-me, qui se joignit aux instances réitérées du comman-dant. Il répondait à tout : « Le Roi m'a ordonné de « rester ici, je dois lui obéir; un général doit mourir « avant de donner l'exemple de l'insubordination. » Dans cet instant le curé de San Pedro arriva; et

voyant la résistance opposée par Garcia aux supplications de sa femme, il le pria d'y céder, en lui assurant que sa vie courait le plus grand danger. Le domestique du général Garcia entra tout effrayé, et lui dit : « Les soldats entourent la maison. » Le curé de San Pedro s'adressant à Garcia le conjura au nom de Dieu de se couvrir de ses vêtemens ecclésiastiques : par ce moyen il pourrait passer sans être reconnu ; c'était vers la tombée de la nuit. Le général Garcia y consentit enfin, il se couvrit des vêtemens du curé, et sortit de la maison, passant au milieu des soldats sans en être reconnu. Il se cacha dans la maison du curé de San Pedro, où il resta une heure, après laquelle ne se croyant pas en sûreté, il se rendit à la porte de la ville qui mène à Iratche. La sentinelle qui était de garde lui demanda qui il était, le général répondit : « Je suis le chapelain de l'hôpital d'Iratche. » Le soldat appela l'officier de garde, qui étant arrivé, lui ordonna d'abaisser le manteau qui lui couvrait une partie du visage : en voyant ses moustaches il le reconnut, l'arrêta, et fit prévenir Maroto, qui le fit conduire au Puig couvert des vêtemens du prêtre ; et c'est avec eux que le général a été mis à mort.

Carmona était à Cirauqui ; Maroto l'envoya chercher par un de ses aides-de-camp, disant qu'il avait besoin de lui parler. Arrivé tard à Estella, Carmona ne se présenta à Maroto que le lendemain matin de bonne heure. En arrivant Maroto lui demanda s'il avait déjeûné, et sur sa réponse négative, il l'invita à prendre le chocolat avec lui. Le déjeûner fini, il

lui dit : « Allez avec mon aide-de-camp, il vous dira
« ce qu'il faut faire. » Le généreux Carmona, sans
défiance, suivit l'aide-de-camp, qui le mena au Puig.
En arrivant il fut arrêté, et peu après fusillé.

Sanz, arrêté à Arriba, conduit de là à Tolosa à
pied, et de cette dernière ville à Estella de la même
manière, fut à son arrivée enfermé au Puig, et le
lendemain matin fusillé avec les autres.

Guergué, arrêté dans sa maison de Legaria, em-
mené sans même lui permettre de voir sa femme, et
conduit à pied à Estella, fut fusillé le 18 avec Sanz,
Garcia, Carmona et Uriz.

Lorsque les moines vinrent pour les confesser,
Garcia et Carmona demandèrent à parler à Maroto,
mais il refusa de les voir : alors les généraux prièrent
qu'on leur accordât deux heures pour régler leurs
affaires de famille et faire leur testament ; cette dernière grâce leur fut également refusée.

Au moment de mourir, ces braves carlistes s'em-
brassèrent, et le général Garcia, s'adressant aux soldats, leur dit : « Soldats ! aurez-vous le courage de
« fusiller un général qui vous a conduits tant de fois
« à la victoire. » Ils répondirent : « Nous devons
« obéir aux ordres du Roi. — Tirez, cria alors Gar-
« cia, je meurs pour le Roi et la Religion, et sou-
« venez-vous que c'est notre devoir à tous. »

La seule bataille qui ait été gagnée dans les Provinces pendant la durée du commandement de Maroto, fut celle du Perdon, livrée le 19 septembre par
le brave et malheureux général Garcia.

Voici le bulletin officiel de ce brillant fait d'armes.

« Excellence,

« Les divisions d'Alaix et d'Espeleta ont reçu une nouvelle preuve de ce que les braves volontaires peuvent faire lorsqu'ils se trouvent en face de l'ennemi.

« Les christinos ayant manœuvré pour m'attaquer, je fus informé de leurs intentions; et m'étant avancé sur Puente la Reina, et les ayant atteints près d'El Perdon, je les ai mis en déroute si complète que si Puente la Reina eût été demi-lieue plus loin, et que par conséquent j'eusse pu étendre davantage la poursuite, pas un seul homme ne se serait échappé. Alaix, chef des ennemis, a reçu trois blessures très graves sur le champ de bataille; présque tout le bagage des ennemis, ainsi qu'une quantité énorme de munitions, des affûts, des mules, &c. &c., sont tombés en notre pouvoir avec 800 fusils.

« Nous avons pris à l'ennemi 476 soldats et 27 chefs et officiers d'infanterie prisonniers, ainsi que 50 cavaliers avec leurs chevaux.

« La perte de l'ennemi en tués et blessés s'élève, d'après tous les renseignemens recueillis, à 1500 hommes hors de combat.

« La nôtre est de 15 morts et 150 blessés. Parmi les premiers nous avons à déplorer le brave brigadier Martin Luis Echeverria; le commandant de la cavalerie Ortigosa est assez grièvement blessé.

« Je bloque Puente la Reina; et si l'ennemi, qui s'y

est renfermé, tente d'en sortir, nous sommes prêts à le recevoir.

« Dieu vous garde, &c. &c.

« Quartier-général de Legarda, le 19 septembre à minuit.

« Francisco Garcia.

« *A. S. Exc. le Ministre de la Guerre.* »

Peu de temps après le gain de cette bataille, Maroto étant à Balmaseda, Garcia et le brigadier Balmaseda, qui était à Los Arcos avec sa colonne, formèrent ensemble un plan pour s'emparer de la ville de Tafalla, dans laquelle ils avaient su se ménager des intelligences; ils firent part à Maroto de leur intention. En réponse à leur dépêche Maroto donna ordre au brigadier Balmaseda de se rendre de suite avec sa colonne dans les Encartaciones; Garcia reçut en même temps celui de se porter vers le haut Aragon. Garcia répondit à Maroto que s'il passait en Aragon avec sa division, la Navarre restait ouverte aux attaques des christinos, la ville d'Estella surtout se trouverait en grand danger. Maroto insistant, Garcia lui annonça que comme D. Carlos était général en chef de l'armée, et Maroto seulement chef d'état-major général, avant d'entreprendre une opération qu'il considérait comme désastreuse pour la cause, il en référerait à D. Carlos. Maroto n'osa plus insister, mais sa haine contre Garcia s'augmenta encore de ce refus.

Voici quelques extraits d'une lettre écrite par M. Ayerra, secrétaire du général Garcia.

« Maroto commença son œuvre de perfidie en feignant une amitié extraordinaire pour le brave et loyal
général Garcia, espérant l'attirer dans son parti; mais
il fut bientôt convaincu de l'inutilité de ses tentatives. Le général connut les menées de Maroto, et ne
répondit à ses démonstrations exagérées d'amitié que
par une froide réserve.

« Peu après avoir pris le commandement, Maroto
porta son quartier-général d'Estella à Morentin : le
général Garcia était à Dicastillo, qui n'en est éloigné
que d'une demi-lieue, et il se rendait tous les jours
auprès de Maroto, avec lequel il passait trois à quatre
heures pour obéir aux désirs de celui-ci. Garcia attendait toujours que Maroto parlât d'opérations militaires; mais jamais il ne touchait ce sujet, qui devait
cependant être le seul qui occupât l'attention du général en chef de l'armée.

« Un laps de temps s'écoula ainsi au grand déplaisir
du général Garcia, qui porta son quartier-général
à Cirauqui. A peine arrivé, il reçut vers le soir une
lettre de Maroto très amicale, dans laquelle il le
priait de lui proposer, d'après sa connaissance du
terrain, un plan d'attaque avantageux pour les armes
de D. Carlos, en prenant en considération les forces
des deux partis; il finissait en lui disant de répondre
de suite. Garcia fut très étonné en voyant que Maroto, qui l'avait eu près de lui si long-temps, et qui
n'avait jamais rien dit qui fît supposer qu'il pensât
à attaquer, lui écrivît dans ce sens si peu d'heures après
leur séparation; il soupçonna un piége : cependant il
répondit sur-le-champ, en indiquant une attaque con-

tre la colonne de la Ribera, dont le succès paraissait certain, et qui dans aucun cas ne pouvait être désavantageuse pour les armes carlistes. A peine Maroto eût-il reçu cette lettre, qu'il lui écrivit de nouveau en lui disant que son plan était excellent, et qu'il l'aurait exécuté si des rapports confidentiels qu'il venait de recevoir ne l'obligeaient à partir de suite pour la Biscaye. Garcia, qui savait qu'il n'y avait pour le moment rien à faire en Biscaye, connut que c'était une ruse pour cacher sa trahison, qui devenait évidente, même pour les moins prévenus.

« Maroto se mit en marche vers la Biscaye, ne laissant à Garcia que peu de troupes, pour l'empêcher de rien entreprendre pendant son absence, surtout ayant une ligne si étendue à garder. Le soir, étant à Alzasua, Maroto écrivit encore à Garcia, en lui disant qu'il reviendrait si cela était nécessaire pour le service de S. M.; il le priait de le prévenir s'il se présentait quelque bonne opération à exécuter. Garcia, bien persuadé que tout cela n'était que des perfidies nouvelles, lui répondit comme son honneur l'obligeait à le faire; il lui disait que dans sa dernière il avait proposé un plan d'attaque qui promettait d'heureux résultats; que l'on était encore à temps de l'exécuter, si Maroto voulait revenir sur ses pas avec 4 bataillons; mais que si cela ne lui convenait pas, il n'avait qu'à lui envoyer les bataillons, et que lui s'en servirait pour attaquer Lumbier, dont il promettait de s'emparer dans les 24 heures. Garcia ajoutait quelques détails sur l'importance de cette opération, qui donnerait les moyens de dominer le haut

Aragon. Maroto ne fit aucune attention à cette intéressante dépêche, et continua ses menées.

« Au commencement de septembre, Garcia désespéré, voyant que le temps s'écoulait sans avantage pour la cause, et bien convaincu que jamais Maroto n'attaquerait les christinos, et ne permettrait pas que les autres le fissent, résolut, avec les 7 bataillons et 3 escadrons de cavalerie qu'il avait sous ses ordres, de battre deux colonnes christines qui opéraient de Pampelune à Lodosa. Dans ce but il passa l'Arga dans la nuit du 18, et le lendemain il livra la bataille du Perdon, dans laquelle il fit plus de 500 prisonniers, blessa dangereusement Alaix, etc. Après l'affaire, le général Garcia écrivit à Maroto pour lui en rendre compte en sa qualité de chef de l'armée : celui-ci lui répondit que la gloire militaire ne consistait pas à livrer une bataille avantageuse, parce que ce n'était après tout que du sang versé ; il accusait Garcia d'imprudence, et tout cela dans les termes les plus grossiers.

« En envoyant à Maroto le rapport relatif à la bataille qu'il venait de gagner, Garcia lui disait aussi que le moment était favorable pour se rendre maître de Lumbier ; il promettait de s'en emparer en 24 heures si Maroto voulait donner des ordres pour que 2 bataillons, de ceux qui étaient oisifs sur d'autres points, vinssent occuper la Solana, afin qu'il pût, avec ceux qu'il avait disponibles, exécuter cette opération.

« Maroto n'accusa pas réception de cette communication si importante, et dès-lors il ne cacha plus

sa haine contre le général. Cette haine fut toujours en augmentant jusqu'à la mort de Garcia, qui en fut le résultat. »

(8) Pag. 58 , lig. 21.

Ibañez étant arrivé à Estella dans l'après-midi du 18, fut de suite renfermé au Puig, et mis en *capilla* pour être fusillé deux heures plus tard. En apprenant le sort qui lui était réservé, le loyal Ibañez conserva toute sa sérénité; il prit son canif, et taillant sa plume, il traça les lignes suivantes adressées à sa malheureuse femme :

« Jésus, Marie et Joseph.

« Puig d'Estella, 18 Février 1839.

« Querida de mi alma, deux heures après avoir écrit cette lettre je serai dans la présence de mon bien-aimé Seigneur Jésus-Christ. Les temps primitifs de l'église reviennent, et mon Dieu a daigné m'accorder la grâce que je lui demandais depuis longtemps de verser mon sang pour sa gloire. Je meurs innocent, et par conséquent heureux, car j'espère en la miséricorde du Seigneur.

« Je te lègue tous mes droits sur la petite fortune qui me revient par la mort de mes parens bien aimés, après le partage fait avec ceux de mes frères qui vivent encore. . . . .
. . . .
. . . .

« Adieu, je prierai pour toi; je suis malheureux selon le monde, mais heureux selon notre sainte mère l'Eglise.

« Louis Antoine Ibañez. »

L'heure étant arrivée, il marcha à la mort avec le plus grand courage. L'exécution fut commandée par le fils du boucher de Calanda, Blas Maria Royo.

(9) Pag. 58, lig. 23.

Cette proclamation, ainsi que la lettre du 20 adressée à D. Carlos, a été traduite aussi littéralement que possible; mais c'est avec difficulté qu'on est parvenu à rendre intelligibles ces deux pièces, modèles de confusion, et écrites dans un style barbare.

(10) Pag. 61, lig. 3.

Juan José Arizaga, que Maroto fit venir de Valence peu après qu'il eut pris le commandement de l'armée : cet homme a été un des plus actifs promoteurs des assassinats d'Estella. Arizaga est rentré en France le 27 août 1839; il accompagnait les deux fils de Maroto.

A son arrivée dans les Provinces Arizaga était pauvre : lorsqu'il en sortit, il déclara à la douane de Béhobie une somme considérable en onces d'or.

(11) Pag. 61, lig. 5.

Peu de temps avant sa désertion aux christinos, Maroto, fatigué des réclamations incessantes qui lui étaient faites, et sans doute aussi pour produire un effet favorable à ses projets, fit imprimer à Durango ce qu'il appelait les preuves de la culpabilité des généraux fusillés à Estella. Parmi ces pièces figuraient des lettres du général Francisco Garcia, qui accusaient Maroto d'être d'intelligence avec le général Es-

partero, et donnaient des détails à ce sujet; mais les événemens l'ayant forcé à passer aux christinos plus tôt qu'il ne le voulait, ces documens étaient à peine imprimés qu'il les fit ramasser tous, et brûler.

(12) Pag. 64, lig. 27.

Lorsque D. Carlos revint dans les Provinces de son expédition aux portes de Madrid en 1837, il ordonna que les généraux Zaratiegui et Elio passassent devant un conseil de guerre; parmi les accusations qui pesaient sur eux on leur reprochait surtout d'avoir laissé leurs troupes se livrer aux plus horribles excès dans tous les lieux où elles avaient passé, et particulièrement à Ségovie, où les soldats n'avaient pas même respecté les églises; d'avoir désobéi aux ordres du général Moreno, qui était chef d'état-major général, et enfin d'avoir précipité leur retour en Navarre, abandonnant D. Carlos avec une faible colonne dans la sierra de Burgos, malgré les ordres réitérés de ce prince.

Le brigadier Cabañas était accusé d'avoir désobéi aux ordres qui lui avaient été communiqués, et d'avoir, les christinos étant proche, placé sa cavalerie dans un défilé très dangereux, éloigné de trois lieues de l'arrière-garde de l'armée carliste, et où elle aurait dû périr tout entière.

Iturbe, le même qui est passé aux christinos avec Maroto, déclarant en qualité de témoin devant le conseil de guerre, dit « que son opinion était que « les manœuvres de Cabañas dans cette affaire ne « pouvaient être attribuées au manque de talent mi-« litaire, mais à la trahison. »

Parmi les officiers qui par leur conduite pendant l'expédition, avaient encouru la disgrâce de D. Carlos, et qui au retour furent mis en disponibilité, se trouvait le général Villaréal. Cet officier n'avait pas dissimulé la haine qu'il portait au général Moreno; et comme il avait de l'influence sur les soldats, son exemple répandit l'insubordination dans le camp. D. Carlos ayant appris qu'il critiquait tous les mouvemens commandés par Moreno, chargea l'intendant Uriz de lui offrir le commandement de l'armée : « Dites à S. M, répondit Villaréal, que plutôt que de l'accepter, je passerais aux christinos. »

Simon Latorre fut aussi mis de côté; cet officier qui, probablement dès cette époque, pensait à exécuter la trahison qu'il vient de consommer, se conduisit d'une manière scandaleuse pendant toute la marche de l'expédition; tournant Moreno et ses ordres en ridicule, s'attaquant même à la personne de D. Carlos, il contribua la désorganisation de l'armée.

La conduite peu mesurée de ceux qui entouraient l'infant D. Sébastien, indisposa fortement D. Carlos contre ce prince. Peu après son arrivée à Amurrio, l'Infant se présenta et demanda à voir son oncle. D. Carlos était à dîner; au lieu de faire entrer l'Infant et de le faire asseoir à sa table comme c'était l'habitude lorsqu'ils étaient ensemble, D. Carlos lui fit dire d'attendre qu'il lui plût de le recevoir; l'Infant demeura dans l'antichambre. Après dîner D. Carlos se disposa pour sa promenade habituelle; en passant dans l'antichambre il y rencontra l'Infant,

qui attendait toujours ses ordres, et dont la contenance indiquait le mécontentement. L'Infant s'avança, salua son oncle; et voyant que celui-ci ne lui disait rien : « V. M. a-t-elle reçu des nouvelles de Salz- « bourg, demanda-t-il.—Oui, répondit D. Carlos, tout « le monde se porte bien; » et il continua son chemin : l'Infant le suivit. Au retour, D. Carlos, sans l'inviter à entrer, lui dit qu'il pouvait aller se reposer chez lui. Cette froideur dura plusieurs jours, après lesquels l'Infant reprit sa place à la table de son oncle.

En arrivant à Arciniega D. Carlos publia la proclamation suivante :

« Volontaires,

« La révolution vaincue et humiliée, près de succomber sous vos efforts surhumains, a mis ses dernières espérances dans des moyens dignes de sa perfidie, pour prolonger de quelques jours sa sanglante existence. Heureusement ses projets sont découverts, je saurai les déjouer. Pour prendre des mesures qui puissent promptement mettre un terme à cette lutte de désolation et de mort, et pour les exécuter, je suis rentré momentanément dans ces fidèles Provinces. Bientôt vous me verrez, comme vous me voyez aujourd'hui ici, dans les lieux où m'appellent mes devoirs. Mon cœur paternel est trop pénétré de votre héroïsme, pour que je renonce jamais au triomphe, et que je ne préfère pas, s'il le faut, mourir glorieusement au milieu de vous.

« Volontaires, ce n'était pas assez de la série non interrompue de prodiges qui composent l'histoire de vos campagnes; dans les cinq mois qui viennent de s'écouler vous vous êtes surpassés, et la conduite du corps expéditionnaire est au dessus de tout éloge. Avec le tiers seulement des troupes qui opèrent en Navarre, les forces ennemies ont été réduites à un nombre moindre de celles qui sont à ma disposition dans l'étendue de mes domaines. Vous avez vaincu l'armée révolutionnaire dans les plaines comme dans les montagnes, avec comme sans artillerie. Huesca, Barbastro, Villar de los Navarros, Retuerta, seront des monumens éternels de votre valeur. Si le manque de munitions, ou de coopération de quelque corps, vous a quelquefois forcés à céder du terrain, vous avez fait payer bien cher à l'ennemi ces avantages momentanés ; dans vos retraites même, suivis et non poursuivis par des forces doubles, jamais elles n'ont osé vous attaquer toutes les fois que vous leur fesiez face, pas même faire feu sur vos masses. Vous avez surtout montré à l'Europe que mes ennemis sont les ennemis de mes peuples, dont la loyauté et le dévouement ne peuvent être surpassés; que leur attachement à ma personne, et leur enthousiasme pour ma cause juste et sacrée, ont provoqué la sanglante vengeance de leurs oppresseurs ; et qu'ils n'attendent que de votre protection leur délivrance du joug qui les opprime, aussi bien en Aragon qu'en Catalogne, à Valence que dans les Castilles.

« Oui, Volontaires, il n'a dépendu ni de vous ni de mes peuples d'en finir avec l'usurpation dans ce

malheureux pays, théâtre des crimes les plus odieux et de l'anarchie qui dévore ses habitans et finira par la dévorer elle-même. Des causes qui vous sont étrangères, mais cependant connues, ont prolongé les malheurs de la patrie; elles vont disparaître pour toujours.

« L'expérience a montré la marche qu'il fallait suivre, et les mesures que je vais adopter rempliront vos désirs et les espérances de tous les bons espagnols.

« VOLONTAIRES! témoin de votre dévouement héroïque, j'ai partagé vos privations et vos fatigues, j'ai admiré votre résignation et vos vertus; et je veux avant tout vous donner un témoignage de ma royale satisfaction. Dès aujourd'hui je me mets à votre tête, moi-même je vous conduirai à la victoire. Préparez-vous donc à cueillir de nouveaux lauriers; soyez dignes de vous-mêmes, et comptant sur la protection de notre généralissime, que votre confiance redouble par la pensée que votre général est votre Roi.

« CARLOS.

« Quartier-général d'Arciniega, 29 Octobre 1837. »

(13) Pag. 70, lig. 2.

Le 23, dans une conversation qui eut lieu dans l'antichambre du palais entre Urbistondo et une personne de quelqu'influence, le premier insistait sur la nécessité d'une prompte réconciliation avec Maroto ; il appuyait ses argumens sur l'avantage qu'Espartero pourrait prendre de la désunion qui régnait parmi les carlistes pour pénétrer dans les Provinces : «Nous « n'avons que 9 compagnies en Alava, dit-il, et pas

« 5oo hommes pour couvrir la Navarre; en Biscaye
« il y a seulement 2 bataillons. — Ne craignez rien,
« répondit L. . ., Espartero ne vous inquiètera pas. —
« Pourquoi? lui répartit Urbistondo; — Parce que,
« répliqua le fidèle Basque avec indignation, les
« plans d'opérations ont été soumis à Espartero, qui
« les a approuvés. » Après ces mots, L. . . quitta le
palais, ses amis, son pays, et vint en exil en France.

(14) Pag. 73, lig. 4.

Ce même jour D. Carlos nomma le brigadier D.
Juan Montenegro ministre de la guerre, en rempla-
cement du duc de Grenade de Ega, et D. Paulino
Ramirez de la Piscina ministre des affaires étrangères.

Quelques jours plus tard M. Marco del Pont fut
nommé ministre des finances.

Le marquis de Valdespina, qui occupait le ministère de la guerre depuis le 28 août 1838, avait été
remplacé par le duc de Grenade de Ega aussitôt
que D. Carlos apprit l'assassinat des généraux à Estella.

(15) Pag. 73, lig. 26.

Voici les noms des personnes exilées par ordre de
Maroto :

L'évêque de Léon;

Sr. D. Ramon Pecondon, son secrétaire;

Sr. D. Juan Echeverria, président de la junte de
Navarre;

Sr. D. José Arias Teijeiro, ministre des affaires
étrangères;

Sr. D. Pedro Alcantara Diaz de Labandero, ministre des finances;

Sr. D. José Lamas Pardo, conseiller;

Le lieutenant-général D. José Uranga, aide-de-camp de D. Carlos;

Le général D. José Mazarrasa;

Le général D. Basilio Antonio Garcia;

Sr. D. Lino Antonio de Orellana, attaché au ministère des affaires étrangères;

Sr. D. Diego Miguel Garcia, attaché au ministère de la justice;

Sr. D. Antonio Suarez, également attaché au ministère de la justice;

Sr. D. Florencio Sanz, premier secrétaire du ministère de la guerre;

Le brigadier D. Juan Balmaseda;

Sr. D. Celestino Martinez de Celis, conseiller;

Sr. D. Nicanor de Labandero, intendant militaire;

Sr. D. José Teijeiro, gentilhomme ordinaire du Roi;

Sr. D. Juan José Aguirre, commandant de la garde royale à cheval;

Le colonel Aguirre, commandant du 5.e bataillon de Navarre;

Sr. D. José Ochoa, commandant de la garde à pied;

Le colonel D. Antonio Jesus Serradilla;

Le colonel D. Lorenzo Solana;

Le colonel D. Sébastian Fabian de las Herrerias:

Sr. D. Juan José Lasuen, commissaire des guerres;

Sr. D. José Aguillo;

Sr. D. Antonio Neira, magistrat;

Sr. D. Téodoro Gelos, chirurgien de D. Carlos;

Le père Larraga, confesseur de D. Carlos;

Le père Domingo de San José, prédicateur de D. Carlos;

Sr. D. Ramon Dallo, aumônier de l'état-major général;

Le curé du village d'Ayegui;

D. Joaquin Cadenas, huissier en chef au ministère de la justice;

Le capitaine Monge;

D. Henrique Yarza, serviteur de l'intérieur du château;

D. Roque Fernandez, chef des courriers de cabinet.

En même temps que ces messieurs, fut exilée par ordre de Maroto la S.^{ra} D.ª Jacinta Perez de Soñanes, épouse de D. Louis de Velasco, président de la junte de Santander, et mayordomo de D. Carlos.

(16) Pag. 89, lig. 6.

Cette lettre fut interceptée par le commandant du 5.e bataillon de Navarre.

(17) Pag. 90, lig. 27.

Bien différente était la réception faite à D. Carlos l'année précédente. On pourra en juger par la lettre suivante, écrite par un officier attaché à l'état-major de Maroto.

«Estella, 15 Juillet 1838.

« D. Carlos a quitté Alzasua hier matin à six heures; il s'est seulement arrêté pour dîner à Artabia, village situé à une lieue d'ici. S. M. a été reçue par le général Maroto, le président de la députation, et les

personnes les plus influentes de cette partie de la
Navarre. Il était sept heures et demie lorsque D.
Carlos a fait son entrée dans cette cité vraiment fidèle. Jamais réception n'a été plus brillante : à peine
pouvait-on circuler dans les rues, tant le peuple était
empressé à se porter au devant de son bien-aimé Souverain, et à lui offrir ses services dans le moment actuel. C'était un spectacle attendrissant : jeunes et
vieux, riches et pauvres l'entouraient et lui offraient
le sacrifice de tout ce qu'ils possèdent pour la défense
du meilleur des Monarques : la façade des maisons
était tapissée, les balcons chargés de femmes élégam-
ment parées. Le son des cloches, celui des tambours
qui battaient aux champs, la musique des divers bataillons qui jouait des airs nationaux, les cris de *Vive
le Roi! Vive notre bon Roi !* tout enfin témoignait la
joie et le bonheur des habitans d'Estella en voyant
leur Roi arriver parmi eux pour partager les dangers
qui les menacent. C'est ainsi que D. Carlos *le monstre,
le brigand*, règne cependant sur les cœurs de ses sujets : est-il beaucoup de rois qui puissent en dire autant? Maintenant, qu'Espartero avance, nous le dési-
rons, car sa défaite est certaine; un nouveau triomphe nous attend. »

Trois mois plus tard un officier attaché à l'état-
major d'Espartero écrivait la lettre suivante :

« Logroño, 3 Octobre 1838.

« Notre position devient plus critique de jour en
jour; nos soldats sont dans un état d'insubordination
tel, que si Espartero passait l'Ebre, un grand nom-

bre d'entre eux déserteraient à l'ennemi. Heureusement que les carlistes ne sont pas prêts à entrer en
Castille, et n'ont pas assez de cavalerie pour faire
une incursion dans les plaines. Il nous reste cependant une consolation, c'est que nous sommes si mal,
que quelque chose qui arrive ce ne peut être que
pour le mieux. Dans mon opinion le seul moyen de
sauver le pays serait de faire comme la France à la
fin du siècle dernier, nous mettre en révolution; commencer et finir par des mesures révolutionnaires.
Plus de temporisation, de fausse humanité : l'extermination de tous ceux qui nuisent à la marche de la
révolution. Narvaez est le seul homme qui comprend
notre situation, et qui sait ce qu'il y aurait à faire.

« Espartero est un patriote à l'eau rose, une espèce
d'animal amphibie, libéral en paroles, absolutiste en
actions. Soyez sûr que si nous ne nous mettons pas
en révolution complète nous sommes perdus. »

(18) Pag. 91, lig. 24.

Maroto étant à Estella, demanda à l'alcalde de
cette ville de lui donner une liste de tous ceux soup-
çonnés d'être christinos; l'alcalde lui répondit qu'il
n'y avait pas lieu d'inquiéter personne, les habitans étant très tranquilles : Maroto lui dit que c'était
seulement pour juger de l'état des opinions que cette
liste lui était nécessaire. Peu après il partit pour Balmaseda : de là il envoya un aide-de-camp chargé de
renouveler verbalement sa demande à l'alcalde; et
comme celui-ci hésitait, l'aide-de-camp l'interrogea :
« M. N... quelle est son opinion? » L'alcalde disait

christino, *libéral*, &c. &c. Lorsque l'aide-de-camp
fut de retour auprès de Maroto, celui-ci fit arrêter
à Estella une quarantaine de personnes; et quand il
revint dans cette ville il les mit lui-même en liberté,
prétendant que leur arrestation était une méchanceté
de l'alcalde, et s'attribuant la gloire de leur avoir
rendu justice.

(19) Pag. 92, lig. 6.

M. de Velasco, mayordomo de D. Carlos, avait rempli le même emploi auprès de Ferdinand VII. Lorsque la jeune Isabelle fut déclarée princesse des Asturies, M. de Velasco refusa d'assister à la cérémo-
nie, et de prêter serment comme il y était obligé,
fesant partie de la maison royale; malgré ce refus,
Ferdinand continua à l'honorer de son affection. Ce
prince répondait aux instances qui lui étaient faites,
pour qu'en conséquence de son refus de reconnaître
la jeune Princesse il lui ôtât son emploi : « J'ai plus
« de confiance dans Velasco que dans la plus grande
« partie de ceux qui se sont empressés de jurer de
« protéger la Princesse ma fille, car le plus grand
« nombre lui manqueront après ma mort, tandis que
« lui ne veut pas me promettre ce qui est contraire
« à ses sentimens. » La femme de M. de Velasco, D.ª
Jacinta Perez de Soñanes, possède un grand caractère et une fermeté de principes qui attirèrent sur
elle la haine de Maroto, qui redoutait l'influence
qu'elle exerçait sur tous les véritables royalistes, et
surtout sur Balmaseda, qui lui doit en grande partie
de n'avoir pas péri victime des embûches qui lui fu

rent tendues. Sachant qu'elle avait pénétré ses intentions perfides, et pensant qu'elle pourrait l'embarrasser dans leur exécution, Maroto résolut de se débarrasser d'elle, et arracha à D. Carlos un ordre d'exil. Elle quitta les Provinces en même temps que les ministres, emportant les regrets et les vœux des orphelins et des veuves dont elle soulageait la misère, et qui maudissaient Maroto, qui leur enlevait leur bienfaitrice.

Madame de Velasco a toujours appartenu au parti royaliste : son attachement pour D. Carlos était désintéressé ; loin d'en rien recevoir, elle employait ce que les christinos lui avaient laissé de sa belle fortune au soulagement des malheureux.

Au moment où elle était frappée dans les Provinces d'un ordre d'exil, son père, M. Perez de Soñanes Diaz de Arce, était arraché de son hôtel, et traîné par les autorités de Santander dans la prison de cette ville.

(20) Pag. 93, lig. 23.

En prenant le commandement, Guibelalde publia la proclamation suivante :

« Guipuzcoanos,

« La perfidie la plus horrible avait ourdi une trame qui tendait à la ruine de la personne sacrée du Roi, ainsi que de nos intérêts privés, et qui par sa réussite aurait comblé l'abîme de nos maux.

« Des hommes parjures, oubliant leurs devoirs, ont profité de votre simplicité, de votre innocence, pour vous remettre, sous prétexte de paix, entre

les mains de vos ennemis. Les deux chefs rebelles, compagnons dans les révolutions d'Amérique, et professant les mêmes principes, sont les auteurs de ce plan machiavélique par lequel Maroto, gagné par l'or qu'il a déjà reçu, rendit Espartero maître de votre pays, vous assujettissant au joug honteux du gouvernement constitutionnel de Christine, contre lequel vous combattez depuis six ans avec l'admiration du monde entier, pour continuer, comme par le passé, à être régi par celui des descendans de San Fernando, et pour conserver vos *fueros* et priviléges qui, pendant si long-temps, ont fait le bonheur de ces belles provinces. Permettrez-vous maintenant que votre pays soit la proie de vos ennemis? Vous laisserez-vous tromper encore, connaissant les moyens dont on s'est servi pour vous entraîner dans l'abîme? Que votre aveuglement cesse. Comme vous, je suis Guipuzcoano, vous le savez; j'ai commencé cette glorieuse campagne avec vous, je veux la terminer avec vous, mais en combattant. Les Navarrais et Alavais nous donnent l'exemple, unissons-nous à eux; et l'ennemi qui, par les intelligences qu'on lui a ménagées, a pénétré dans cette loyale province, y trouvera son tombeau. C'est ainsi que la paix sera solide. Assurons nous-mêmes les propriétés et les emplois que le Roi a bien voulu nous donner, et non de la manière que l'ennemi nous le promet; en même temps les veuves et les orphelins de vos compagnons morts au champ d'honneur seront secourus et accueillis par la main pieuse du Roi et de ses augustes descendans. Vous n'ignorez pas que S. M. vous regarde comme le

plus précieux joyau de sa couronne. Mourir en combattant avec fidélité, telle est notre devise. — *Vive
la Religion ! Vive le Roi !*

« Quartier-général d'Andoain, le 31 août 1839.

« GUIBELALDE. »

(21) Pag. 94, lig. 9.

Cette lettre se trouve dans le 1.er chapitre, pag. 41.

(22) Pag. 94, lig. 23.

L'original de cette lettre se trouve en *fac-simile* en
face de la Biographie.

(23) Pag. 95, lig. 11.

La seule partie saillante d'un long document publié
à Bilbao par Maroto dans le mois de septembre
dernier, sous le titre de *Manifeste*, est le paragraphe
suivant :

« Six années d'une guerre dans laquelle vous vous
« êtes fait admirer du monde entier, ont eu pour
« objet de soutenir les désirs d'un prince; mais la
« divine Providence, qui toujours a veillé sur la fé-
« licité de la nation Espagnole, dont ce sol privilégié
« fait partie, ne pouvait permettre le triomphe des
« ténèbres et l'élévation d'hommes misanthropes, hy-
« pocrites et ambitieux, qui, en compensation de
« vos immenses travaux et de vos fatigues, ne vous
« préparaient que l'échafaud. »

Voilà le langage tenu par le *carliste* Maroto, par
le général placé par D. Carlos à la tête de son armée,
et qui, dans ses diverses proclamations, appelait les

christinos *tyrans*, leur cause *révolutionnaire*, et D. Carlos *le plus vertueux des Rois!!!*

La lettre suivante, publiée par Maroto dans le mois de novembre, n'est pas sans importance, car elle montre la participation de Montenegro dans les manœuvres du traître. Aurait-on pu croire qu'un ministre de la guerre signerait un ordre au nom de son souverain, autorisant un général à *faire imprimer et publier un manifeste et les conclusions de l'auditeur général de l'armée*, lorsqu'il est constant que les généraux ont été exécutés par l'ordre de Maroto lui-même ; que leur exécution n'a été précédée ni suivie de rien qui ressemblât à une enquête judiciaire ; que les conclusions de l'auditeur-général ne peuvent être considérées que comme une farce abominable, cet auditeur étant l'ame damnée du bourreau des malheureux généraux?

Si Maroto avait soumis les pièces à un tribunal composé d'hommes respectables ; si les parens et amis des victimes avaient été entendus ; enfin, si lui-même avait demandé à venir répondre de sa conduite dans cette circonstance, devant un conseil de guerre, il aurait prouvé au moins qu'il osait affronter l'opinion publique.

Après avoir lu cet ouvrage on ne sera pas étonné que le conseil suprême de la guerre, le conseil d'état et les ministres, donnassent leur consentement à tout ce que Maroto leur demandait ; car on se sera convaincu que les hommes qui les composaient étaient ses conseillers et ses appuis.

Voici la lettre de Montenegro :

EXCELLENCE,

« Conformément à l'opinion émise par le conseil suprême de la guerre, ainsi que par le conseil d'état et ses ministres ; sur la demande portée par V. Exc. au pied du trône, afin d'être autorisé à faire imprimer et publier son manifeste et les conclusions de l'auditeur-général de l'armée dans la cause pour sédition militaire et autres crimes horribles commis par les ex-généraux Garcia, Sanz et autres ; le Roi, notre seigneur, a bien voulu autoriser V. Exc. à faire imprimer non-seulement sa manifestation et le rapport fiscal, mais aussi l'extrait ordonné à cet effet par le tribunal suprême, afin que le peuple, l'armée et l'Europe entière sachent que les événemens qui ont eu lieu à Estella dans le mois de février dernier, portent le cachet le plus caractéristique de l'impartialité, de la rectitude et de la justice.

« Par ordre du Roi, je le dis à V. Exc. pour sa connaissance, et lui remets en même temps l'extrait indiqué ci-dessus ; et, aussitôt que la publication en aura été faite, V. Exc. le renverra à mon ministère, afin de le réunir aux pièces de la procédure pour les effets convenables.

« Real de Arrancudiaga, le 18 Juillet 1839.

MONTENEGRO.

« *A. S. Exc. le Général en chef de l'armée.* »

NOTES

DU

CHAPITRE IV.

(1) Pag. 146, lig. 6.

Voici une chanson composée par les soldats de Guipuzcoa sur les Anglais, lors de l'arrivée de la légion Britannique à Saint-Sébastien.

Valientes Guipuzcoanos,
Con firmeza atacad,
Y al pícaro cristino
Perseguid y matad.

Y si al Casacagorri
Podeis encontrar,
Matadlos como á bestias
Sin tenerles piedad.

Para aquestos borrachos,
Sin fe ni humanidad,
No haya cuartel ninguno
Ni tener caridad.

Mueran, mueran cobardes!
Y no hemos de parar

Hasta que á nuestras manos
Los veamos acabar.

Ande la bayoneta,
Bayoneta, y no mas,
Que no merecen tiros,
Porque es desperdiciar.

Y no nos detengamos
En oyendo gritar
A nuestros oficiales,
Aurrera Mutillac.

Viva el Rey Cárlos quinto,
Y su casa real,
Que para sus soldados
El Rey no tiene igual!

Pendant la bataille du 5 mai, sous les murs de Saint-Sébastien, les femmes, les pères et frères des

soldats carlistes qui prenaient part au combat, se pré-
cipitèrent vers la Misericordia d'Hernani pour voir
arriver les blessés. Un jeune volontaire, mortellement
blessé, fut apporté dans une camilla (espèce de li-
tière); son fusil était près de lui. Le chirurgien et
un moine furent de suite appelés, et le premier déclara qu'il n'avait plus que quelques momens à vivre :
alors le moine le remplaça auprès du moribond. Pendant tout ce temps le père, la mère, deux sœurs et
un frère plus jeune du malheureux blessé, attendaient
en silence. La confession terminée, le père s'appro-
cha, et saisissant la main de son fils expirant, lui
dit : « *Dame la mano, chico. Me alegro que mue-*
« *ras en esta ley.* » Le jeune frère s'empara du fusil
du blessé, et attachant autour de son corps sa ceinture
de cartouches, se rendit au bataillon pour y prendre
la place de celui qui expirait.

(2) Pag. 157 , lig. 6.

Dans une des marches de Mina dans le Bastan,
il s'arrêta à Etulain dans une auberge tenue par
un nommé Zilveti. A peine entré il fit appeler l'hôte,
et lui dit : « Les carlistes étaient ici hier? — Oui,
« Excellence, répondit l'aubergiste. — De quel côté
« sont-ils allés? quel chemin ont-ils pris? — Ils ont
« pris la route des montagnes, mais j'ignore où ils
« vont, et je crois que personne parmi eux ne le sait,
« excepté leur chef. — Zumalacarregui, reprit Mina,
« a couché ici cette nuit? — Non, général, Zumala-
« carregui n'était pas avec les carlistes qui ont oc-
« cupé ce village. — Est-il bien vrai que vous n'avez

« pas vu le chef carliste ? cria Mina. — Je vous en
« donne ma parole, général. » Mina réfléchit un instant, puis fesant appeler un prêtre, il lui ordonna
de confesser Zilveti, qui allait être fusillé sur-le-
champ. Ce malheureux implora en vain la justice de
Mina, ensuite sa clémence; il fut fusillé devant la
porte de sa maison, sans que Mina se donnât même
la peine de lui dire pourquoi.

Le 14 mars 1835 Mina entra dans le village de
Lecarroz; il fit assembler les habitans, et les ayant
tirés au sort, il en fit fusiller un sur cinq; les autres, garrottés avec des cordes, furent emmenés à Elissondo, et de là à Pampelune; les femmes et les enfans furent chassés dans les montagnes : après quoi
Mina fit mettre le feu aux quatre coins du village,
qui fut détruit entièrement. L'église et une ferme
restèrent seules debout, Mina voulant en faire des
casernes fortifiées.

NOTES

CHAPITRE III.

(1) Pag. 102, lig. 7.

Voir pag. 71. Chap. II.

(2) Pag. 102, lig. 22.

M. Joseph Lamas Pardo, magistrat distingué, occupait à Madrid, avant la mort de Ferdinand VII, l'emploi de conseiller au tribunal des ordres militaires; il était aimé de Ferdinand, qui prenait volontiers son avis. A la mort de ce monarque, M. Lamas Pardo abandonna son emploi pour rejoindre D. Carlos; ses biens furent en conséquence confisqués.

Maroto, craignant l'influence que M. Lamas Pardo exerçait sur les personnes attachées à la cause de D. Carlos, l'exila en France avec les ministres et autres.

M. Lamas Pardo possède de grands talens comme magistrat et comme conseiller; il est du petit nombre des Espagnols qui, par une étude approfondie des vœux et des besoins de leurs compatriotes, en ont acquis une connaissance parfaite.

Les intrigues du palais avaient empêché M. Lamas

Pardo, avant les assassinats d'Estella, d'entrer au ministère : mais telle était la conviction de D. Carlos que ses services lui étaient nécessaires pendant la marche de la conspiration marotiste, que M. Lamas étant en France exilé, D. Carlos eut la pensée de le rappeler pour lui confier le ministère de grâce et justice. M. Lamas n'aurait jamais consenti à l'accepter sans le rappel des autres exilés, et le renvoi des partisans de Maroto.

(3) Pag. 103, lig. 3.

Peu après le retour de Paris dans les Provinces d'un des agens de ce comité, un journal de la frontière publia la pièce suivante :

« Voici le décret d'abdication que le comité de Paris a formulé, pour que D. Carlos ait à le signer :

« Espagnols,

« Six années de malheurs, de dégoûts de tout genre, ont travaillé mon esprit, abreuvé mon cœur, accablé mes forces, au point que j'ai résolu de changer contre une vie tranquille celle de combats et d'intrigues que j'ai parcourue jusqu'ici. A cet effet, et d'après l'avis des conseillers de la couronne, j'ai résolu d'abdiquer spontanément en faveur de mon fils bien-aimé le prince des Asturies, D. Carlos Léon Maria de Bourbon et de Bragance, afin qu'à partir d'aujourd'hui il exerce la souveraineté dont j'avais hérité de mes ancêtres, conformément aux anciennes lois, coutumes et usages de la monarchie.

« J'ordonne et commande à mes conseillers, pré-

lats, ecclésiastiques, chefs et officiers des armées de
terre et de mer, d'avoir à observer et de faire observer ma royale et irrévocable résolution, que je crois
conforme aux décrets de la Providence et à l'intérêt
de mes très chers sujets.

« Vous l'aurez pour entendu, etc. »

(4) Pag. 106, lig. 5.

En arrivant sur la frontière, Urbistondo prit congé
des exilés, et s'adressant à Mme de Velasco, il lui dit
d'un air peiné : « Peut-être moi aussi me verrai-je
« bientôt dans la nécessité d'émigrer en France. —
« C'est possible, lui répondit cette dame ; mais ce
« ne sera probablement ni pour la même cause ni
« par le même chemin. »

(5) Pag. 113, lig. 14.

D. Juan Echeverria est né à Los Arcos (Navarre),
dans l'an 1795 ; il était curé de cette ville, et pos-
sédait un bénéfice ecclésiastique. Un des premiers
il arbora avec Santos Ladron l'étendard de D. Carlos
en Navarre ; depuis il a toujours occupé le poste important de président de la junte de Navarre, et suivi
partout D. Carlos. D. Juan Echeverria s'est distingué
par sa fidélité, pour ses opinions et la constance
avec laquelle il les a toujours défendues. En 1823
il était un des partisans de l'armée de la Foi. Personne
ne possède autant d'influence que lui en Navarre.
D. Juan était l'ami intime et le conseiller de Zumalacarregui.

(6) Pag. 114, lig. 4.

Voir pag. 61, chap. 2.

(7) Pag. 119, lig. 9.

Le 29 D. Basilio Garcia n'ayant pas reçu de réponse à la lettre qu'il avait écrite, pria le père Huerta, général de l'ordre des Augustins, et un autre ecclésiastique, de se rendre auprès de D. Carlos, et de lui dire que leur exil, comme tout le monde le savait, ayant été imposé à Sa Majesté par la violence, il était venu, maintenant que la trahison de Maroto était bien connue, lui offrir ses services. D. Carlos chargea le père Huerta de dire à D. Basilio : « qu'il l'estimait « ainsi qu'à tous les autres exilés, et que quand il « en serait temps il lui ferait connaître sa volonté. »

(8) Pag. 129, lig. 18.

Le baron de los Valles avait été chargé par Maroto de répandre le bruit que la princesse de Beira était d'accord avec lui pour la paix; que l'opposition venait de D. Carlos seulement. M. de Velasco parcourut divers villages pour démentir ces bruits; pour y parvenir il donna la plus grande publicité à la conversation qu'il avait eue avec la Princesse à ce sujet. Il arriva ainsi jusqu'à Vera, où se trouvait le 5.ᵉ bataillon de Navarre : ces troupes étaient également persuadées que la princesse de Beira soutenait Maroto; il put cependant leur faire comprendre que c'était une calomnie, qu'il était impossible que cette princesse soutînt celui qui travaillait à lui faire perdre ses droits.

(9) Pag. 132, lig. 19.

Les anecdotes suivantes prouveront la détermination prise par les partisans du système de transac-

tion, dont le général Eguia était un des chefs, de tout
faire pour empêcher D. Carlos de se soutenir dans
les Provinces.

« Le commandant d'un des bataillons de Castille
D. N. Hernandez était malade lorsque Maroto livra
son bataillon à Espartero ; ayant appris ce qui s'était
passé, il se présenta au général Eguia à Lecumberri,
et lui demanda une passe pour aller chercher son
bataillon, promettant de le faire revenir sous les
drapeaux de D. Carlos : « Peut-être même, ajouta-
« t-il, pourrais-je en ramener quelque autre, car je ne
« suis pas sans influence sur les officiers et soldats. »
Eguia, non seulement lui refusa sa demande, mais
lui dit qu'il aurait dû suivre le sort de son bataillon ;
il le traîta de lâche, de coquin indiscipliné, et lui
ordonna de se rendre en France. »

« Plusieurs chefs et officiers qui, à cause de leur
fidélité bien connue, étaient depuis long-temps con-
finés par les ordres de Maroto dans le dépôt d'Or-
diain, se présentèrent à Eguia, et lui demandèrent
la permission de combattre comme soldats pour la
défense de D. Carlos ; Eguia après les avoir insul-
tés de la manière la plus violente, leur ordonna de
retourner dans leur dépôt, ce qui était impossible,
puisque déjà les troupes christines occupaient tout
le pays. »

« Quelques volontaires d'un des bataillons de Castille qui avaient été livrés à Espartero par Maroto,
étant parvenus à s'enfuir du camp des christinos, se
présentèrent à Elissondo au général Eguia, et lui demandèrent de les incorporer dans un autre bataillon,

en ajoutant qu'ils n'avaient eu aucune part dans la trahison, et qu'on les avait livrés sans leur consentement. Eguia se mit en fureur, les traita de déserteurs, de mauvais soldats, et finit par leur dire *qu'il les ferait fusiller s'ils se présentaient encore devant lui.* »

(10) Pag. 141, lig. 15.

« MONSIEUR,

« Dans la matinée du 6 septembre dernier, le capitaine-général D. Vicente Gonzalez Moreno fut assassiné dans la ville d'Urdach, par quelques soldats du 11.e bataillon de Navarre qui se trouvaient cantonnés dans cette ville.

« On fit courir le bruit que ce général passait en France avec des caisses d'argent. Sous ce prétexte, quelques sergens et soldats l'arrachèrent de son logement, aux cris de *Mort au traître Moreno,* et peu d'instans après le général tomba frappé d'un coup de fusil et percé de plusieurs coups de bayonnettes. Le sang-froid avec lequel il se présenta devant eux, en leur assurant qu'il ne passait pas en France, qu'il conduisait seulement sa femme jusqu'à la frontière, fut inutile, sa mort était décidée.

« Dans la matinée le général Moreno avait sollicité et obtenu du gouverneur D. Fermin Iribarren une escorte d'officier : le commandant Mendoza la refusa, quoiqu'elle lui fût demandée au nom du gouverneur : mais le général s'étant présenté, Mendoza lui dit qu'il en donnerait une. L'heure fixée pour le départ étant arrivée, l'officier qui avait été désigné pour commander l'escorte, annonça qu'il ne pouvait ac-

compagner le général, des ordres qu'il venait de recevoir de Mendoza l'obligeant à partir pour Zugar-
ramurdi.

« Pendant qu'Eguilaz, commissaire de police de
la frontière, écrivait la passe pour les dames Moreno,
il arriva enfin un officier chargé de les escorter; et
c'est pendant tous ces pourparlers, ces allées et venues, que les soldats ont commis cet infâme attentat.
Après l'assassinat les soldats parcoururent les rues en
criant : *Mort aux traîtres ! Mort aux aides-de-camp
de Moreno ! Vive Elio ! Mort à Maroto !*

« Si un observateur impartial fait attention à ces
cris, aux difficultés apportées au départ du général,
et au retard qui en a été la suite; s'il réfléchit au
dévouement du 11.ᵉ bataillon pour le traître Maroto,
à la présence sur la frontière (à Ainhoa), à demi-
lieue d'Urdach, de l'instigateur des assassinats d'Estella, du conseiller et ami de Maroto D. José Manuel
Arrizaga; s'il ajoute à ces remarques importantes que
l'assassinat eut lieu en présence du commandant Mendoza, et que le bruit de la mort du général Moreno
était répandu dans les villages environnans quelques
heures avant l'exécution de ce crime, il ne pourra
jamais croire que cette mort soit l'effet du hasard ou
de l'insubordination des soldats, mais bien de la pré-
méditation.

Bayonne, 14 Octobre 1839.

Antonio Acena,
Aide-de-camp du général Moreno.

NOTES

DE

LA CONCLUSION.

---

(1) Pag. 168, lig. 22.

Voici la copie d'une lettre écrite par Maroto au consul d'Espagne à Bordeaux; il est à désirer que Maroto tienne sa promesse et dévoile tous ceux qui ont forfait à l'honneur et concouru à l'accomplissement de sa trahison.

« Bilbao, le 18 Octobre 1839.

« Monsieur le Consul,

« Il est parvenu à ma connaissance que D. B. Iturriaga avait fait insérer dans un des journaux de votre ville, une lettre qui laisserait supposer que celle que j'ai citée de lui dans mon premier manifeste serait fausse; en conséquence, et en attendant la publication de mon second mémoire, je vous remets ci-joint l'original de la même lettre, et une autre du même Iturriaga, écrite de sa main, que je vous prie de vouloir bien faire vérifier et rendre publique, ainsi que la dépêche originale ci-incluse du ministre de la guerre Montenegro, concernant les mesures prises à Estella.

16

« Aussitôt que j'aurai mis en ordre les pièces qui sont en mon pouvoir, je ferai connaître les motifs puissans qui m'ont forcé à prendre la résolution que la presse légitimiste blâme de la manière la plus outrageante, et je dévoilerai l'hypocrisie et la mauvaise foi de plusieurs de ceux qui, cherchant un refuge sur le sol étranger, me calomnient de la manière la plus indigne. Il suffira, pour les confondre, de publier ce qu'ils m'ont écrit : en attendant, et toujours, je les méprise comme ils le méritent. D. Carlos lui-même, à qui je n'ai cessé de donner des preuves d'amour et de respect depuis le moment où j'ai pris son parti, se repentira de ne pas m'avoir écouté lorsqu'il en était temps, et sa conscience lui reprochera constamment la conduite qu'il a tenue à mon égard, bien peu digne d'un prince.

« C'est avec peine que je me verrai forcé de publier des secrets et des événemens cachés jusqu'ici sous le manteau royal; mais mon honneur l'exige, et rien ne peut ni m'arrêter ni m'intimider.

« Agréez, Monsieur le consul, l'assurance de ma considération.

« RAFAEL MAROTO. »

Par la lettre suivante, qui est mentionnée dans celle de Maroto qui précède, on verra les manœuvres employées par Iturriaga pour séduire l'armée de Guipuzcoa.

«Andoain, le 14 Août 1839.

« Mon vénérable général : Je vous ait dit ce matin *que nous agirions avec S. M. comme nous l'avons fait*

avec *S. A.* ; mais ceci s'entend dans le cas où il se réunirait au 5.ᵉ bataillon ; car, pour le reste, tous les chefs qui m'entourent sont disposés d'agir avec la prudence nécessaire. *Dans cette division vous ne trouverez que dévouement pour soutenir vos déterminations ; et il me semble que nous ne manquerons pas de tact, parce que nous sommes tous d'accord.*

« Portez-vous bien et disposez de votre dévoué serviteur,

« BERNARDO ITURRIAGA. »

FIN.

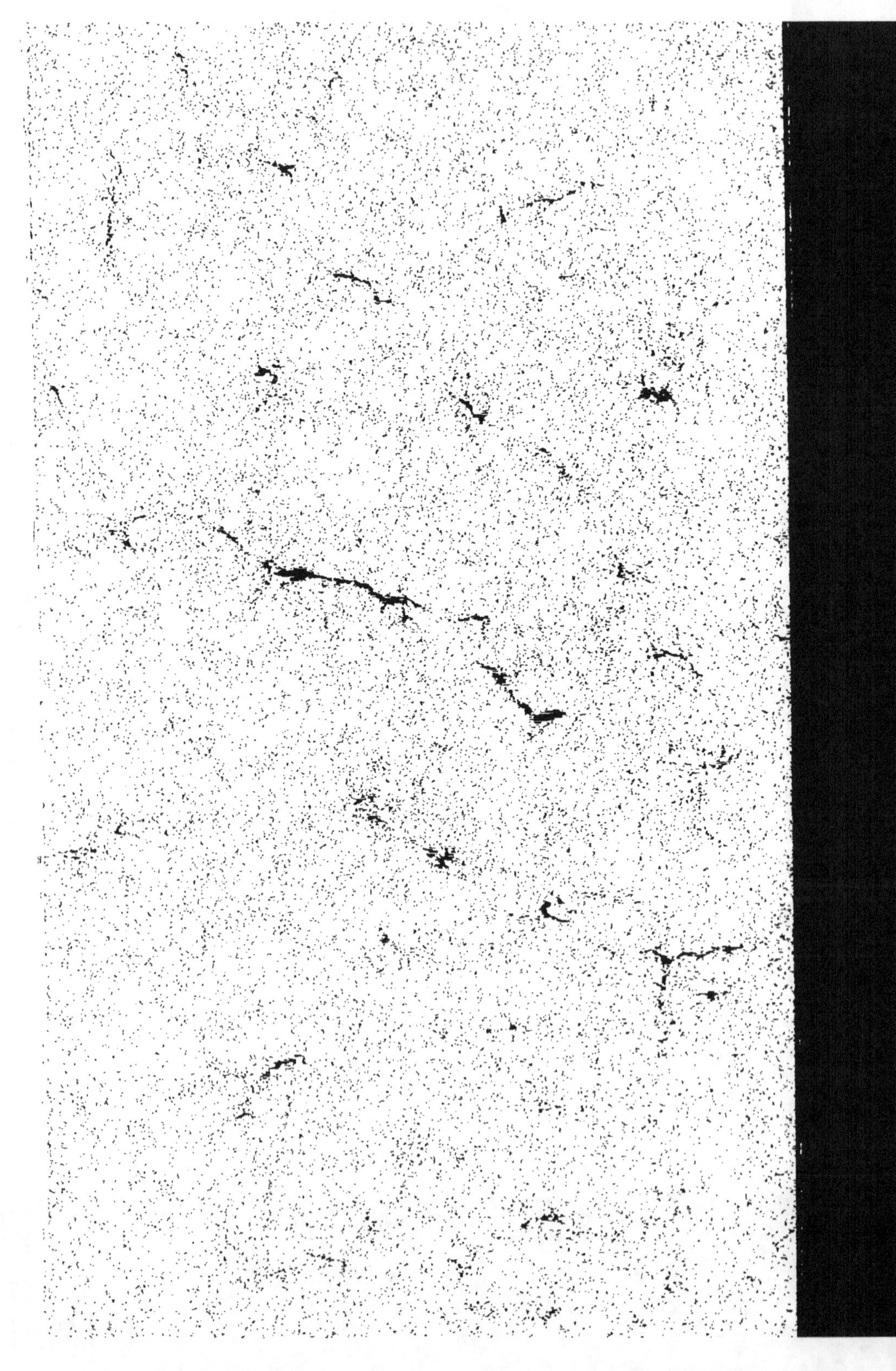